**Liebe Leserinnen und Leser,**

die Ökumene bewegt sich derzeit auf die 10. ÖRK-Vollversammlung in Busan (30. 10.–8. 11. 2013) zu, die sich auch, erstmalig wieder seit 1982, mit einer ökumenischen Erklärung zur Mission befassen wird, die bereits im September 2012 vom Zentralausschuss des ÖRK verabschiedet worden ist (»Together towards life« bzw. »Gemeinsam für das Leben«). Eines ihrer wichtigen Themen ist die *transforming spirituality*, die alle Bereiche des Lebens durchweben kann und hoffentlich auch zu einem nachhaltigen Beziehungsnetz der weltweiten Christenheit und zu verstärkter Solidarität verhilft. Wir werden über die Vollversammlung mit einem Fokus auf der Behandlung der Missionserklärung berichten.

Ferner stehen wir derzeit in den Jahren des fünfzigjährigen Jubiläums des Zweiten Vatikanischen Konzils, das nicht nur erhebliche Veränderungen innerhalb der römisch-katholischen Kirche gezeitigt hat, sondern auch einen Dammbruch für die Neugestaltung der Beziehung zum ÖRK bedeutete. Es folgten u.a. neben der Einrichtung einer ständigen gemeinsamen Arbeitsgruppe die Vollmitgliedschaft Roms in der Kommission für Glauben und Kirchenverfassung und die Entsendung von Beobachtern in die Vollversammlungen des ÖRK, beginnend mit Uppsala 1968. In diesem Heft geht Giancarlo Collet der Frage nach, wie die Öffnung der römisch-katholischen Kirche seit dem II. Vatikanum zu einer wirklichen Weltkirche aussah und welchen Rückentwicklungen sie in den darauffolgenden Jahrzehnten ausgesetzt war.

Yan Suarsana beleuchtet die Pfingstbewegung und die Schreibung ihrer Geschichte aus der Perspektive semiotischen und poststrukturalistischen Denkens und erinnert daran, dass Definitionen und Geschichtsschreibungen immer unter dem Vorbehalt der Konstruktion und der Gestaltung von »Realität« durch Diskurse stehen.

Für eine missionswissenschaftliche Zeitschrift ist es notwendig und sinnvoll, die Diskussion um die Rede des auferstandenen Jesus in Mt 28,18f. im Auge zu behalten. Ruth Schäfer tut dies in ihrem Beitrag und weist darauf hin, dass hier nicht das Kirche-Gründen oder Jünger-Machen im Vordergrund steht, sondern das eigene Jünger-Werden und Konvivieren mit Menschen jenseits des eigenen (religiösen) Horizonts. Schließlich greift Tobias Brandner das Stichwort der interkulturellen Begegnung anhand des ersten Basler Missionars in China, Theodor Hamberg, auf und entfaltet daran das Dreieck der entsendenden Seite, der empfangenden Seite und des Betroffenen selbst als einer zutiefst schwierigen und verarbeitungsbedürftigen Konstellation.

Mit diesen vier Beiträgen wird Ihnen ein Strauß geboten, der sich einerseits an einem aktuellen Thema (II. Vat.), zum anderen an im Felde dieser Zeitschrift immer wieder notwendig zu behandelnden Debatten orientiert.

Im Heft 4 wird es um das Stichwort der Performanz und ihrer missionswissenschaftlichen sowie interdisziplinären Dimensionen gehen.

Wir wünschen wie immer eine anregende Lektüre und grüßen herzlich aus Bern, Basel, Neuendettelsau, Rostock und Hamburg.

**Ihr Ulrich Dehn**

# »Die Kinder, die Hunde und das Brot – Jesus im interreligiösen Streitgespräch«

## Markus 7,24–30

*Dieter Becker*

*Und Jesus stand auf und ging von dannen in die Gegend von Tyrus und ging in ein Haus und wollte es niemand wissen lassen und konnte doch nicht verborgen bleiben.*

*Sondern alsbald hörte eine Frau von ihm, deren kleine Tochter einen unreinen Geist hatte, und sie kam und fiel nieder zu seinen Füßen;*

*es war aber eine griechische Frau aus Syrophönizien, und sie bat ihn, dass er den unreinen Geist von ihrer Tochter austriebe.*

*Jesus aber sprach zu ihr: Lass zuvor die Kinder satt werden; es ist nicht fein, dass man den Kindern ihr Brot nehme und werfe es vor die Hunde.*

*Sie antwortete aber und sprach zu ihm: Ja, Herr; aber doch essen die Hunde unter dem Tisch von den Brosamen der Kinder.*

*Und er sprach zu ihr: Um dieses Wortes willen gehe hin; der unreine Geist ist von deiner Tochter ausgefahren.*

*Und sie ging hin in ihr Haus und fand das Kind auf dem Bette liegen, und der unreine Geist war ausgefahren.*

Die kleine Szene ist gut zu überschauen. Da ist eine syrische Frau, eine Nicht-Jüdin, eine Ausländerin, die Jesus um Heilung für ihre kranke Tochter bittet. Jesus aber lehnt ab, denn zuerst sollen die Kinder Israels satt werden und dann erst die »Hunde«. Mit »Hunden« benutzt er ein Schimpfwort für Nicht-Juden, zu denen diese Frau gehört. Sie aber nimmt den Vergleich auf, bleibt in dem Bild und führt es konsequent weiter: Vom Tisch fallen doch auch Fladenstückchen für die Hunde ab! Am Ende gibt Jesus der Bitte der Frau nach und heilt die Tochter. – Jesus tritt uns in dieser Erzählung ziemlich unbequem entgegen und macht unsere Vorstellungen von einem »sanften Heiland« zunichte. Drei Beobachtungen möchte ich herausheben:

## a) Jesus will seine Ruhe haben

Zu Anfang heißt es: »Von dort stand er auf und ging fort…« Dieses »von dort« markiert, dass unserer Erzählung etwas vorausging. Jesus hat sich mit den Schriftgelehrten und Pharisäern auseinandergesetzt. Sie hatten ihn gefragt, warum seine Jünger vor dem Essen nicht die Hände waschen, wie es die jüdischen Reinheitsgebote verlangen. Nach einigem Hin und her war Jesus gleichsam der Kragen geplatzt. Nicht was in den Menschen hineingeht, verunreinigt ihn, hat er ihnen gesagt, sondern nur das, was aus seinem Mund und seinem Herzen herauskommt: böse Worte, überhebliche Gedanken, böses Tun. (Mk 7,22–23). Die Leute haben Jesus erregt, und wir sehen ihn nun weiterziehen. Weg von diesen Leuten, die ihn mit ihrer aufgesetzten Frömmigkeit nerven.

Aber als er dann nach Tyrus kommt, wird es auch nicht besser! Tyrus – das ist der Name der heutigen libanesischen Stadt Sûr mit 120 000 Einwohnern. Die Stadt lag schon damals jenseits der Grenzen Israels. Die Stadt war von phönizischer – also nicht-jüdischer – Kultur geprägt. Aber natürlich wussten die Menschen im Grenzbereich ziemlich genau, was hüben und drüben geschah. Verschiedene biblische Erzählungen spielen in diesem Gebiet. In dieser Gegend gewährte schon die Witwe von Sarepta dem Propheten Elia Unterschlupf (1 Kön 17). Auch Jesus möchte sich hier zurückziehen. Aber: einfach in ein Haus gehen und hoffen, dass es niemand erfährt, erweist sich als unmöglich. Der Messias möchte sein Geheimnis hüten, aber die Menschen entdecken es dennoch. Er ist noch nicht lange dort, als schon eine Frau zu ihm kommt, deren Tochter erkrankt ist. Und erneut wird Jesus mit dem Thema kultischer Reinheit und Unreinheit konfrontiert: die Tochter der Frau hat einen »unreinen« Geist. Das Kind ist unruhig, aufsässig, frech, macht der Mutter zu schaffen. Sein Verhalten ist auffällig, auch seine Stimme, die Bewegungen, die Art, mit anderen umzugehen. Kann Jesus nicht nur andere über »rein und unrein« belehren, kann er auch heilend eingreifen? Kann er der Mutter helfen wie einst der Prophet Elisa dem Syrer Naeman (2 Kön 5)?

## b) Jesus hat keine Lust auf Dialog

Jesus ist bewusst, dass diese Frau zu einem anderen Volk gehört. Sie ist Syrerin, Phönizierin. Sie spricht mit ihm in einer anderen Sprache. Sie glaubt an Gottheiten, die man in Israel ablehnt. Aber sie erwartet etwas von ihm! Können ihr die Ärzte und ihre Priester in ihrem Land nicht helfen? Warum wirft sie sich ihm zu Füßen? Ist das nicht gespielte Unterwürfigkeit um des eigenen Vorteils willen? Wie schlimm ist es, prominent zu sein.

Was dann passiert, ist kein Ruhmesblatt für Jesus. Wir hätten das von ihm so nicht erwartet. Ist es nicht ein Skandal, wie er mit der Frau umgeht?! Ja, was Jesus der Frau entgegen schleudert, ist heftig. Er versucht die Frau abzuweisen: »Ich bin nur zu den verlorenen Schafen des Hauses Israel gesandt.« Da scheint kein Platz zu sein für die existenzielle Not eines konkreten Menschen. »Es ist nicht recht«, so das harte Wort Jesu, »den Kindern das Brot wegzunehmen und es den Hunden vorzuwerfen!«

Vielleicht war das damals eine Redeweise wie das »Perlen vor die Säue werfen«. Aber es ist stärker, verletzender. Hier geht es nicht nur um etwas Ästhetisches. Mit der Bitte der Frau steht ein existenzielles Bedürfnis auf dem Spiel. Jesus bewegt sich deshalb jenseits der *political correctness*. Was er sagt, ist diskriminierend. Er provoziert. Er versucht eine Grenze für das religiöse und humanitäre Miteinander zu markieren – und scheitert.

Der Evangelist Markus – so scheint es – erzählt diese Geschichte, weil es für ihn wichtig geworden ist, dass Jesu zunächst ablehnende Haltung gegenüber nichtjüdischen Menschen korrigiert wird. Markus selbst ist ja gläubig geworden, obwohl er kein Jude ist. Er lebt weiterhin außerhalb der jüdischen Stammlande. Er möchte die Erfahrung unterstreichen, dass der Gott Israels Heilung will für alle, die ihrer bedürfen – auch für die Menschen der nichtjüdischen Völker.

Der Evangelist hat deshalb den Dialog, der sich zwischen der Frau und Jesus entspinnt, genau geformt. »Es ist nicht recht, das Brot der Kinder den Hunden zu geben.« Meint Jesus mit dem Wort *Hunde* hier die streunenden Straßenköter, vor denen wir uns ekeln? Vielleicht. Aber die Frau versteht es, die Abfuhr, die ihr Jesus gibt, noch einmal zu »drehen«. In ihrer Entgegnung gebraucht sie das Wort *Hunde* in der Verkleinerungsform. Sie spricht von *Hündchen*, jenen kleinen süßen Tieren, denen die Hausbewohner gern gestatten, bei der Mahlzeit dabei zu sein. Es geht nun um junge Hunde, die nicht wie alte bequem oder krank in der

Ecke liegen. Junge Hunde hat man gern in der Familie: »Ja, Herr. Aber auch die Hündchen fressen unter dem Tisch von den Fladenkrümeln der Kinder!«

Das ist schlagfertig! Die Frau nimmt das Bild auf, das Jesus gebraucht hat, um sie abzuweisen. Und sie widerspricht ihm auf gleicher Augenhöhe: »... aber die Krümel!« »Die kleinen Stückchen, die Bröckchen, die den Kindern runterfallen, die reichen uns ja, die helfen uns schon!«

Und sie ist raffiniert. Sie spricht Jesus nicht nur an als Rabbi, als Lehrer und Arzt, nein, sie nennt ihn »Herrn«. Sie gebraucht das griechische Wort »Kyrios«. Das ist der Begriff, der ein Messias-Bekenntnis bedeutet. Noch bevor Petrus im nächsten Kapitel sagen wird: »Du bist der Christus!«, wird dies Bekenntnis schon von einer Frau aus Syrien gesprochen. Kann es da noch verwundern, dass sich das Verhalten Jesu ihr gegenüber verändert?

## c) Jesus lernt im Disput

Der arrogante, abweisende, fremdenfeindliche Jesus lernt etwas in der Begegnung mit dieser Frau. Im Streitgespräch mit den Pharisäern und Schriftgelehrten hatte *er* am Brot deutlich gemacht, dass es nicht auf äußere Frömmigkeit ankommt. Jetzt erteilt ihm *diese Frau* eine Lektion, und zwar wiederum am Brot!

Diese Frau hat das letzte Wort, nicht Jesus. Das ist ungewöhnlich. In den Evangelien ist es normalerweise so, dass jemand – ein Jünger, ein Freund, ein Gegner – Jesus eine Frage stellt oder etwas behauptet. Und Jesus kontert dann mit einer Antwort, die korrigiert, ergänzt, den Horizont weitet. Hier behält die Frau das letzte Wort, und Jesus ändert seine Meinung und entspricht ihrem Wunsch. Es ist das einzige Mal in den Evangelien, dass es jemandem gelingt, Jesus zu einer Sinnesänderung zu veranlassen.

Das Markusevangelium zeigt am Disput zwischen Jesus und der fremden Frau, wie weit das christliche Gottesverständnis greift. Gott ist größer, als Menschen gewöhnlich von ihm denken. Wir müssen unseren eigenen Horizont weiten. Das ist nicht einfach. Aber Markus unterstreicht diesen Gedanken in seinem Evangelium sehr deutlich. Vor der Begegnung Jesu mit dieser Frau hat der Evangelist von einer Brotvermehrung erzählt. Es sind 5000 Menschen, die an einem abgelegenen Ort zusammen gekommen sind und dann merken, dass es schon so spät ist, dass sie nicht mehr aufbrechen und im nächsten Ort Essen kaufen können. Jesus sättigt sie dann, indem er das Vorhandene segnet und an alle austeilt.

Es bleiben sogar zwölf Körbe übrig. Zwölf ist die Symbolzahl Israels: zwölf für die zwölf Stämme dieses Volkes.

Unmittelbar nach unserem Predigttext wird dann erneut eine Speisung berichtet. Dieses Mal sind es 4000 Menschen, die durch eine wundersame Brotvermehrung satt werden. Dieses Mal wird erzählt, dass sich Jesus im Gebiet des südlichen Syriens befindet, einer Region, die überwiegend von Nicht-Juden bewohnt war. Bei dieser Speisung bleiben sieben Körbe übrig. Sieben ist die Symbolzahl der Welt: drei für den Himmel, vier für die Erde. Jesus ist nicht nur für Israel da, sondern für die ganze Welt, Juden wie Nicht-Juden. Markus zeigt sehr deutlich, was er denkt.

## Was bedeutet das für uns?

Auch für uns sind Kultur und Religion der Fremden oft unbequem. Sie stören uns in unserer Ruhe. Am liebsten sollen sie verschwinden. Wir haben oft keine Lust, Brücken zu bauen. Es ist angenehm, im Nahen Osten, etwa in Ägypten, im luxuriösen Ferien-Ressort Urlaub zu machen. Aber haben wir »Lust auf Dialog«? Und sind wir bereit, wo nötig zu helfen? Die Erzählung von der Heilung dieser jungen Frau aus *Syrien* erinnert uns daran, dass sich gegenwärtig Millionen Syrerinnen und Syrer auf der Flucht befinden. Unter ihnen sind viele Verletzte. Oft ist eine Behandlung im Land selbst nicht möglich, der Weg nach Deutschland oder in ein anderes EU-Land aber verwehrt. Ein Aufnahmeprogramm selbst für Verletzte wurde von den Regierungen lange abgelehnt und wird erst jetzt erwogen.

In der Begegnung mit dieser fremden Frau lernt Jesus sich selbst besser kennen: Er lernt etwas über seine eigene Aufgabe, und er lernt etwas über seine eigene *Religion*. Wenn Gott in der Vergangenheit dem Abraham ein Versprechen gab, dem Mose die Tora und die Propheten beauftragte, seinen Willen kund zu tun, so ist sein Ziel mit den Menschen doch universal und nicht auf ein Volk begrenzt.

Ältere Ausleger und Prediger dieser Erzählung haben sich vor allem für die Heilungsbitte der Frau interessiert. Da ist eine Frau, die bittet um Hilfe für ihre Tochter. Auf der Seite dieser Frau haben sie sich gesehen. Mit ihr haben sie sich identifiziert. Auch diese Ausleger wollten etwas von Jesus. Sie selbst waren in Not, sie hatten ein Anliegen, und er sollte ihnen helfen. Dass Jesus nicht sogleich bereit ist zu helfen, konnte sie nicht schrecken. Das haben sie als »Glaubensprüfung«

verstanden. Sie wussten sich Jesus gegenüber in der Rolle der inständig Bittenden. Mit ihm zu diskutieren oder gar zu disputieren erschien ihnen unmöglich.

Eine solche Auslegung muss nicht falsch sein. Wir sind aber näher an dem eigentlichen Bezugspunkt der Erzählung, wenn wir die Herausforderung wahrnehmen, vor der Jesus stand. Der Text kann dann zu uns sprechen angesichts der Fragen und Aufgaben, vor denen wir als Christen heute stehen. Es sind Herausforderungen, die – wie die Bitte dieser Frau damals an Jesus – von Menschen anderen Glaubens an uns gerichtet werden.

## Irritation und Heilung

Die Begegnung mit Menschen anderer Religion ist eine Herausforderung. Sie ist voller Irritationen. Da gilt es oft etwas auszuhalten. Die anderen treten uns ja gegenüber mit ihren existentiellen Bedürfnissen und mit ihren nicht geringen Erwartungen an uns. Eine Frage, die mich zunehmend beschäftigt, ist der Verkauf von nicht mehr benutzten christlichen Kirchen an jüdische oder muslimische Gemeinden. Oft sorgt die geplante neue Nutzung dann für *Streit*. Viele sind der Meinung, da werde »eine Grenze überschritten«, es geschehe ein »Dammbruch«? Aber wird eine Kirche »verunreinigt«, wenn dort Muslime beten? Ist sie dann kein »Gotteshaus« mehr? Wird sie dann zu einem Zeichen der Niederlage des christlichen Glaubens gegenüber Angehörigen einer anderen Religion?

Es ist gut, in dieser Erzählung zu sehen, dass auch Jesus vor Herausforderungen stand, in denen er sich mühsam neu orientieren musste. Aber die Begegnung mit dieser Frau aus Syrophönizien eröffnet ihm neue Perspektiven: Er begreift, dass es *nicht gut* ist, andere herabzusetzen und sich *selbst für besser* zu halten. Er lernt, dass *eine Frau* schlagfertig argumentieren kann und dass hinter ihrem couragierten Auftreten eine *existentielle Not* steckt. So wird deutlich, dass es dem eigenen Glauben nicht schadet, wenn wir uns in Liebe dem anderen zuwenden. Die existentielle Not der anderen zu lindern, ist ein wunderbares Zeichen der Weite des eigenen Glaubens. Ob eine Religion groß und mächtig wird oder wie die altkanaanäische Religion der Frau in unserer Erzählung untergeht, entscheidet sich nicht an unserem Tun. Von uns Christen dürfen auch heute Kräfte ausgehen, die den anderen beistehen, ohne dass wir sie umstimmen müssen, sich von ihrer Religion abzuwenden. Von Jesus und von unseren jüdischen Schwestern und Brüdern dürfen wir lernen, dass das Ziel Gottes mit den Menschen die

»Völkerwallfahrt zum Zion« (Jes 2,2–4; Mi 4,1–4) ist und nicht das Verschwinden der anderen Religionen.

Der Glaube *erträgt* nicht nur solche Offenheit, nein, er *verträgt* sie gut, ja, er *trägt sie in sich*. Leidenschaftlich für den Glauben eintreten, heißt liebend dem anderen beistehen. Glaube und Toleranz gehören zusammen. Sie gehören zusammen wie »die Kinder, die Hunde und das Brot«. Das ist die Erfahrung interreligiösen Disputs. Es ist eine Einsicht, die Jesus selbst uns gelehrt hat.

# Was ist die Pfingstbewegung?

## Zur prekären Konstitution eines Gegenstands der Religionsgeschichtsschreibung

*Yan Suarsana*

Die weltweite Pfingstbewegung ist zweifellos eines der dynamischsten und facettenreichsten Phänomene in der religiösen Welt der vergangenen 100 Jahre. Vornehmlich in den USA, vor allem aber auch in zahlreichen Ländern Südamerikas, Afrikas und Asiens verbreitet, schickt sich diese junge Strömung an, das Bild des weltweiten Christentums entscheidend zu prägen – eines Christentums, das sich in der Regel außerhalb der in Europa verbreiteten institutionalisierten Volkskirchen abspielt. Doch auch in Deutschland hat sich inzwischen eine kleine Gemeinde pentekostaler Gläubiger etabliert, die zum Teil im traditionellen freikirchlichen Milieu, in zunehmendem Maße jedoch besonders im Umfeld afrikanischer und südamerikanischer Migranten angesiedelt ist – vernetzt mit pfingstlichen Gruppen in aller Welt durch moderne Kommunikationsmedien und Verkehrswege.[1] So sprechen populäre Statistiken inzwischen von etwa einer halben Milliarde Anhänger, die am Anfang des 21. Jahrhunderts den sogenannten *Pentecostal and Charismatic Movements* zuzurechnen seien, und prognostizieren darüber hinaus eine rapide Zunahme pentekostaler Frömmigkeit in allen Ländern der Welt.[2]

---

[1] Vgl. Claudia Währisch-Oblau, The Missionary Self-Perception of Pentecostal/Charismatic Church Leaders from the Global South in Europe. Bringing Back the Gospel, Leiden/Boston 2009; Michael Bergunder/Jörg Haustein (Hg.), Migration und Identität. Pfingstlich-charismatische Migrationsgemeinden in Deutschland, Frankfurt a. M. 2006; Yan Suarsana, Christentum 2.0? Pfingstbewegung und Globalisierung, Zell a. M./Würzburg 2010, 80–115.

[2] Vgl. David B. Barrett/Todd M. Johnson, Global Statistics, in: Stanley M. Burgess/Eduard M. van der Maas (Hg.), The New International Dictionary of Pentecostal and Charismatic Movements. Revised and Expanded Edition, Grand Rapids 2002, 283–302.

Die US-amerikanische Pfingstbewegung hat seit ihrer Entstehung im ausgehenden 19. Jahrhundert ihren Werdegang akribisch dokumentiert und bereits früh einen wissenschaftlichen Diskurs über sich selbst initiiert, der spätestens mit Walter Hollenwegers epochalem Standardwerk *Enthusiastisches Christentum* Ende der 1960er Jahre auch in nicht-pfingstlichen akademischen Kreisen (vor allem im angelsächsischen Sprachraum) breit rezipiert worden ist.[3] Doch trotz dieser vergleichsweise langen Forschungsgeschichte scheint sich der Konsens, der sich in der einschlägigen Literatur bezüglich der Frage herausgebildet hat, was denn die Pfingstbewegung ›eigentlich ist‹, in den letzten Jahren immer stärker aufzulösen: Weder die inhaltlich-theologischen Beschreibungskriterien noch die phänomenologischen oder historischen Versuche, die Pfingstbewegung als Forschungsgegenstand einzugrenzen, sind von der Kritik verschont geblieben, die nicht zuletzt auch durch poststrukturalistisch geprägte Autoren vorgebracht worden ist,[4] sodass »es viele Forscher für prinzipiell unmöglich halten, die Pfingstbewegung sinnvoll zu definieren«[5].

## Der Ausdruck ›Pfingstbewegung‹ als *pure signifier*

Tatsächlich zeigt bereits der Blick in den historischen Diskurs, der die Geburt eines *Pentecostal Movement* in radikalen Kreisen der US-amerikanischen Heiligungsbewegung am Anfang des 20. Jahrhunderts dokumentiert, dass zu keinem Zeitpunkt auch nur annähernd Klarheit darüber bestanden hat, welche Kriterien solche Gläubigen von ihrem bisherigen Kontext abhoben, die sich nun den *Pentecostal People* zurechneten. Die traditionelle, vor allem durch James Goff vertretene Forschungsthese geht zwar davon aus, dass sich die Pfingstler seit ihrem angeblichen Gründervater Charles F. Parham (1873–1929) um etwa 1900 von der US-amerikanischen Heiligungsbewegung dadurch unterschieden, dass sie die

---

[3] Vgl. Walter J. Hollenweger, Enthusiastisches Christentum. Die Pfingstbewegung in Geschichte und Gegenwart, Wuppertal/Zürich 1969.

[4] Vgl. etwa Allan Anderson, Spreading Fires. The Missionary Nature of Early Pentecostalism, Maryknoll 2007; Michael Bergunder, The Cultural Turn, in: Allan Anderson/Ders. u. a. (Hg.), Studying Global Pentecostalism. Theories and Methods, Berkeley u. a. 2010, 51–73; Jörg Haustein, Writing Religious History. The Historiography of Ethiopian Pentecostalism, Wiesbaden 2011; Dale T. Irvin, Pentecostal Historiography and Global Christianity. Rethinking the Questions of Origins, in: Pneuma. The Journal of the Society for Pentecostal Studies 27/1 (2005), 35–50. Für eine Übersicht über die verschiedenen Definitionsansätze vgl. Suarsana, Christentum, 10–22; Allan Anderson, Varieties, Taxonomies and Definitions, in: Ders./Bergunder u. a. (Hg.), Studying Global Pentecostalism, 13–29.

[5] Michael Bergunder, Mission und Pfingstbewegung, in: Christoph Dahling-Sander/Andrea Schultze u. a. (Hg.), Leitfaden Ökumenische Missionstheologie, Gütersloh 2003, 200–219, hier: 201.

Praxis der Zungenrede nach Apg 2,4 als Beweis für die Taufe mit dem Heiligen Geist ansahen.[6] Tatsächlich war diese Lehre von der *initial evidence* der Zungenrede für die Geisttaufe maßgeblich durch die Popularität des sogenannten *Azusa Street Revivals* in Los Angeles unter dem schwarzen Heiligungsprediger und Parham-Schüler William J. Seymour (1870–1922) im Jahre 1906 in weltweiten Kreisen der Heiligungsbewegung bekannt geworden, die vor allem durch US-amerikanische und englische Missionare gebildet wurden.[7] Und obwohl die Lehre, dass nur im Heiligen Geist getauft sei, wer in Zungen geredet habe, zumeist kurzfristig auf breite Ablehnung stieß, so hinderte diese Ablehnung viele nicht daran, sich dennoch der neuen Bewegung anzuschließen, wie etwa die Beispiele des US-amerikanischen Methodisten Willis C. Hoover (1858–1936) in Chile oder dessen englischen Glaubensbruders T. B. Barratt (1862–1940) in Norwegen zeigen, wie auch Publikationen der neuerdings als Begründerin der indischen Pfingstbewegung gehandelten methodistischen US-Amerikanerin Minnie Abrams (1859–1912)[8] oder die Aktivitäten in der *Stone Church* in Chicago unter einem ehemals prominenten Bürger von Alexander Dowies *Zion City*, William Piper (1868–1911). Tatsächlich legen viele Texte, die dem jungen *Pentecostal Movement* Beifall zollen, den Eindruck nahe, dass die jeweiligen Autoren sich mit dieser Selbstpositionierung zu einer neuen Avantgarde des missionarischen Diskurses zählten. So galt besonders der Umstand, dass in Seymours Azusa Street Mission zunächst Menschen aller Hautfarben und Gesellschaftsschichten gemeinsam unter einem Dach Gottesdienst gefeiert hatten, erweckt und ›mit dem Heiligen Geist getauft‹ worden waren, gerade in erwecklich-missionarischen Kreisen als Überwindung der Klassen- und Rassengrenzen »im Blute Christi«, wie ein Augenzeuge, der Heiligungsprediger und Weltreisende Frank Bartleman (1871–1936), begeistert vermerkt,[9] der als erster Chronist des *Azusa Street Revivals* einigen Einfluss auf radikale Kreise der zeitgenössischen Heiligungs- und Erweckungsbewegungen ausüben konnte. Obgleich also viele der aus diesem Milieu stammenden neuen Pfingstler ihre bisherigen theologischen Überzeugun-

---

[6] Vgl. James R. Goff, Fields White Unto Harvest. Charles F. Parham and the Missionary Origins of Pentecostalism, Fayetteville/London 1988. Zur Kritik vgl. v. a. Walter J. Hollenweger, Charismatisch-pfingstliches Christentum. Herkunft, Situation, Ökumenische Chancen, Göttingen 1997.

[7] Vgl. Cecil M. Robeck, The Azusa Street Mission and Revival. The Birth of the Global Pentecostal Movement, Nashville 2006.

[8] Vgl. v. a. Gary B. McGee, Minnie F. Abrams. Another Context, Another Founder, in: James R. Goff/Grant Wacker (Hg.), Portraits of a Generation. Early Pentecostal Leaders, Fayetteville 2002, 87–104.

[9] Frank Bartleman, Azusa Street. An Eyewitness Account, Gainesville 2006, 61–66.

gen kaum zu modifizieren brauchten, so lässt sich den Quellen dennoch das unumstößliche Bewusstsein entnehmen, dass es sich bei dem *Pentecostal Movement* um etwas Neues, einen Aufbruch der christlichen Welt handelte, indem im Angesicht eines unmittelbar bevorstehenden zweiten, endzeitlichen Pfingsten (ein Topos, der freilich zum Allgemeingut der radikalen Heiligungsbewegung gehörte) die unsichtbaren Grenzen zwischen den Christen überwunden und die Bemühungen um die Bekehrung der Welt intensiviert wurden:

> »Lasst uns nicht uns selbst von anderen Christen distanzieren, sondern uns mit ihnen vereinen ... Lasst uns niemanden ausschließen, sondern unsere Herzen, Türen und Versammlungen für alle öffnen und mit denen zusammenarbeiten, die diese Taufe nicht empfangen haben, solange sie uns lassen. ... Liebe ist stärker als der Tod.«[10]

Hier lässt sich also zeigen, dass der um die Wende zum 20. Jahrhundert aufgekommene Ausdruck ›Pfingstbewegung‹ zu Anfang nicht mehr als eine Art ›reiner Signifikant‹ für eine inhaltlich nicht näher bestimmbare Differenz im Diskurs, für etwas Neues, eine Avantgarde im wörtlichen Sinne, gewesen ist und der Möglichkeit einer substantiellen Unterscheidung zunächst völlig entbehrt hat.

## Der retroaktive Effekt der Benennung

Das hier beschriebene Paradoxon, dass sich eine diskursive Größe mithilfe eines Ausdrucks (hier: ›Pfingstbewegung‹) zwar klar von anderen historischen Phänomenen abgrenzen lässt, wir aber die inhaltlichen und strukturellen Unterschiede zu diesen Phänomenen gar nicht benennen können,[11] lässt sich durch Slavoj Žižeks Kritik an der deskriptivistischen Theorie der Benennung in seinem 1989 erschienenen Werk *The Sublime Object of Ideology* festmachen: Der Verweis eines Signifikanten auf ein Signifikat sei nicht etwa darauf zurückzuführen, dass die Eigenschaften des benannten Gegenstandes »in der Bedeutung des Wortes ... beinhaltet sind«[12], sondern vielmehr darauf, dass das Verhältnis *Name – Gegen-*

---

[10] Minnie F. Abrams, India. A Message from Mukti, in: Confidence. A Pentecostal Paper for Great Britain 1/6 (1908), 14.

[11] Dass dieses Problem nicht allein die Pfingstbewegung, sondern in demselben Maße auch und gerade den allgemeinen Religionsbegriff betrifft, ist kürzlich von Michael Bergunder ausführlich thematisiert worden. Vgl. Michael Bergunder, Was ist Religion? Kulturwissenschaftliche Überlegungen zum Gegenstand der Religionswissenschaft, in: ZfR 19 (2011), 3–55.

[12] Slavoj Žižek, The Sublime Object of Ideology, London/New York 1989, 98.

*stand* durch den Akt eines »primal baptism«[13] generiert werde, »und diese Verbindung bestehen bleibt, auch wenn sich die Anhäufung deskriptiver Eigenschaften … vollständig ändert«[14]. Mit anderen Worten: »Es muss Teil der Bedeutung eines jeden Namens sein, dass er auf ein bestimmtes Objekt verweist, *weil er eben dessen Name ist,* weil andere diesen Namen verwenden, um das fragliche Objekt zu bestimmen.«[15] Was also »die Identität eines bestimmten Objekts abseits des sich stets ändernden Feldes deskriptiver Eigenschaften konstituiert, was es also identisch mit sich selbst macht«[16], ist nach Žižek der »*retroaktive Effekt des Benennens:* Es ist der Name selbst, der Signifikant, der die Identität des Objekts stützt«.[17] Dieses ›Mehr‹ des Namens »hat keine positive Beschaffenheit, denn es ist nur die Objektwerdung einer Lücke, einer Diskontinuität, die durch das Hervortreten des Signifikanten in der Realität erzeugt wird«.[18] Übertragen auf die Pfingstbewegung heißt das: Ihre Identität konstituiert sich zunächst nicht aufgrund einer Reihe spezifischer Eigenschaften, sondern durch den bloßen Mechanismus der Hervorbringung des Objekts *Pfingstbewegung* durch seine Benennung, wodurch die Pfingstler von anderen Gruppen unterscheidbar werden.

Als Beispiel mag hier die bereits genannte US-amerikanische Indienmissionarin Minnie Abrams dienen, die von 1897 bis 1908 als rechte Hand der berühmten indischen Frauenrechtlerin und Christin Pandita Ramabai (1858–1922) in deren Witwen- und Waisenheim, der *Mukti Mission,* fungierte. Hier war im Jahre 1905, im Anschluss an das *Welsh Revival* und daraus resultierende Erweckungen in walisischen Missionsstationen in Nordindien, eine Erweckung ausgebrochen, die von zeitgenössischen Autoren der *Higher Life-* und Heiligungsbewegung als Anbruch eines zweiten Pfingsten in Indien interpretiert wurde. So schreibt dazu etwa die Engländerin und langjährige Freundin Ramabais Helen Dyer (1851–1919) in ihrem Buch *Revival in India:*

> »›Es ist unmöglich zu beschreiben‹ und ›Ich habe nie zuvor etwas Ähnliches gesehen‹; auf Worte wie diese stoßen wir in beinahe allen Berichten, die von Augenzeugen geschrieben wurden, und aus denen die folgenden Seiten zusammengestellt worden sind. Weitere Ähnlichkeiten in den Berichten verdienen Aufmerksamkeit und vertiefen die Überzeugung, dass

---

[13] A.a.O.
[14] A.a.O.
[15] A.a.O. 102.
[16] A.a.O. 104.
[17] A.a.O.
[18] A.a.O.

es sich bei diesem Werk wahrlich um eine pfingstliche Ausgießung des Heiligen Geistes handelt.«[19]

Auch die ursprünglich im Methodismus beheimatete Abrams interpretiert das *Mukti Revival* zunächst ganz im Sinne Dyers, indem sie »wesleyanische Heiligung mit den Higher Life-Themen von Reinigung und Ermächtigung kombinierte«[20]: »Leben werden wahrhaft verwandelt, und die, welche vollständig errettet sind, wandeln mit Gott zum täglichen Sieg, während andere, die diese mächtige Taufe zum Dienst empfangen haben, an Kraft zum [Missions-]Dienst gewinnen.«[21] Doch nachdem die Nachrichten über das *Azusa Street Revival* und die neuen Lehren Seymours und Parhams in Indien eingetroffen sind,[22] nimmt die Amerikanerin eine bemerkenswerte Änderung ihrer eigenen Position vor. Vorausgegangen war dem zunächst eine zweite Erweckung in der *Mukti Mission* im Sommer 1907, wo erstmals das Phänomen der Zungenrede aufgetreten sein soll, das pfingstliche Missionare bereits ein halbes Jahr vorher in Kalkutta zum Beweis für die Taufe mit dem Heiligen Geist erklärt hatten. Beeindruckt von diesen neuen Entwicklungen reist Abrams nun im Herbst 1908 über England in die USA, um den dortigen pentekostalen Zentren einen Besuch abzustatten; während ihres zweijährigen Amerikaaufenthalts tritt sie in intensiven Kontakt mit zahlreichen pfingstlichen Gruppen, wie etwa Carrie Judd Montgomerys *Home of Peace* in Oakland, Elmer K. Fishers *Upper Room Mission* in Los Angeles oder Elizabeth V. Bakers *Elim Tabernacle* in Rochester,[23] ehe sie in Pipers *Stone Church* in Chicago eine neue Heimat findet, in dessen Zeitschrift *The Latter Rain Evangel* zahlreiche Artikel von ihr publiziert werden. Den Auftakt bildet dabei ein Vortrag, der schon in der Überschrift das *Mukti Revival* jener weltweiten Erweckung zuschlägt, die in den Augen der jungen Pfingstbewegung die zeitgenössische Christenheit erfasst hat: *How the Recent Revival Was Brought*

---

[19] Helen S. Dyer, Revival in India. Years of the Right Hand of the Most High, London 1907, 3.

[20] McGee, Minnie F. Abrams, 9.

[21] Minnie F. Abrams, The Baptism of the Holy Spirit at Mukti, in: The Missionary Review of the World 19 (1906), 619–620, hier: 620.

[22] Im Herbst 1906 waren erstmals Berichte über das *Azusa Street Revival* nach Mukti gelangt; im Frühjahr 1907 tauchten die ersten Missionare aus Los Angeles in Kalkutta auf, die dort eine heftige Debatte über die Beweiskraft der Zungenrede für die Geisttaufe entfachten, die auch über Kalkutta hinaus (u. a. in Mukti) Wellen schlug. Vgl. Gary B. McGee, »Latter Rain« Falling in the East. Early-Twentieth-Century Pentecostalism in India and the Debate over Speaking in Tongues, in: Church History 68 (1999), 648–665.

[23] Vgl. McGee, Minnie F. Abrams, 100.

*About in India.*[24] Bezeichnend ist auch der Inhalt des Textes: Während Autorinnen wie Dyer oder auch Pandita Ramabai selbst stets den Zusammenhang des *Mukti Revivals* mit Erweckungen betonen, die sich vor allem in Großbritannien und Indien im Zuge des *Higher Life Movement* ereignet haben,[25] so spart Abrams in ihrem Artikel diese historischen Bezüge (wie auch die von diesen Autorinnen behauptete Kontinuität theologischer Lehren) fast völlig aus; stattdessen verknüpft sie die Ereignisse in Mukti nun mit ihrer eigenen Biographie und inszeniert die dortige Erweckung als die Bestimmung ihrer missionarischen Tätigkeit in Indien. Und lange bevor der pentekostale *Latter Rain Evangel* sie nach ihrer Rückkehr nach Indien schließlich als eine »unserer kürzlich ausgezogenen Missionarinnen«[26] bezeichnet, schließt die Autorin ihre Ausführungen mit den Worten: »We are called Pentecostal people, and we are.«[27] Anders gesagt: Das historische Objekt *Pfingstbewegung* wird durch die Benennung eines diffusen »we« erzeugt, ist selbst jedoch lediglich durch eine narrative *Positionierung* eines historischen Ereignisses und seiner Protagonisten außerhalb des erwecklichen ›Mainstream‹ charakterisiert. Der Ausdruck »Pentecostal people« benennt an dieser Stelle also »nichts weiter als ›reine Differenz‹: Seine Rolle ist rein strukturell, seine Natur rein performativ … Kurz: Er ist ein ›Signifikant ohne Signifikat‹«.[28] Die oben beklagte Unmöglichkeit einer adäquaten Definition der Pfingstbewegung rührt also daher, dass ihr ›Wesen‹ quasi ein ›Nicht-Wesen‹ ist, und der fundamentale Irrtum eines Versuchs, dieses ›Wesen‹ über substantielle Kriterien zu fassen, besteht darin, dass hier die »Verkörperung eines bestimmten Mangels für ein Zentrum äußerster Fülle gehalten wird«[29].

## Die Füllung des Mangels

Der Mangel, der durch die Platzierung des reinen Signifikanten ›Pfingstbewegung‹ im erwecklich-missionarischen Diskurs erzeugt worden ist, lässt sich nur dadurch kompensieren, dass dieses ›Mehr‹ des Namens, das der retroaktive Ef-

---

[24] Minnie F. Abrams, How the Recent Revival was Brought About in India. The Power of Intercession, in: The Latter Rain Evangel 1/10 (1909), 6–13.

[25] Vgl. z. B. Helen S. Dyer, Pandita Ramabai. The Story of Her Life, London o. J.2 [1906], 95–107; Pandita Ramabai Sarasvati, More Surprises, in: Mukti Prayer Bell (Oktober 1905), 5–19.

[26] Minnie F. Abrams, Word From Our Recent Outgoing Missionaries, in: The Latter Rain Evangel 3/4 (1911), 12–13, hier: 12.

[27] Abrams, Recent Revival, 13.

[28] Žižek, Sublime Object, 109.

[29] A.a.O. 110.

fekt der Benennung hervorgebracht hat, substantiell begründbar wird: Der strukturellen Differenz wird alsbald also auch durch inhaltliche Konzeptionen entsprochen, wodurch der zunächst lediglich als diskursive Markierung auf der religiösen Landkarte verorteten ›Bewegung‹ nun auch konkrete Eigenschaften zugeordnet werden und dem vormals reinen Signifikanten ein neues Signifikat zur Seite gestellt wird, auf das dieser fortan verweisen kann. Im Falle der Pfingstbewegung geschieht dies – wohl nicht zuletzt aufgrund der großen Diversität theologischer Positionen ihrer frühen Anhänger – zu Anfang maßgeblich über historiographische Narrative, die dem reinen Signifikanten ein Signifikat zuordnen, das in erster Linie als historischer Gegenstand konstituiert ist.

Erste Ansätze eines Versuchs, die Lücke zu füllen, die durch den retroaktiven Effekt der Benennung im Diskurs erzeugt worden ist, lassen sich bereits in dem oben thematisierten Artikel Minnie Abrams' finden. Obgleich die Autorin über die völlige Ablösung des dort thematisierten *Mukti Revivals* von seinen direkten historischen Vorläufern, die im Kontext der *Higher Life*-Bewegung zu verorten sind, eine vornehmlich strukturelle Abgrenzung des Ausdrucks ›Pfingstbewegung‹ vornimmt, so kann ihr Rückgriff auf die eigene Biographie bei der Erläuterung der Geschichte dieser Erweckung als ein Versuch interpretiert werden, diese als ein historisches Ereignis zu charakterisieren, das direkt von Gott (und nicht durch eine religiöse Bewegung) initiiert worden ist – eine Strategie, die es ihr ermöglicht, das Mukti Revival in den Reigen der Erweckungen im Kontext des *Pentecostal Movement* einzuordnen, ohne in Konflikt mit anderen historischen Entwicklungen zu geraten. So berichtet die Autorin, die sich zum Auskurieren einer Krankheit für einige Zeit aus der *Mukti Mission* in die Einöde zurückgezogen hat: »Ich ruhte mich am Fuße eines Berghangs an einem stillen Ort aus und flehte um die kostbaren Versprechungen Gottes, besonders jene im sechzehnten Kapitel des Johannes.«[30] – Die Anführung dieser Bibelstelle ist bezeichnend für die Rolle, die Abrams sich hier selbst in der Erweckung in Mukti im Sommer 1905 zuweist. Lesen wir dazu Joh 16,7–9, wo Jesus im Angesicht seiner drohenden Verhaftung zu seinen Jüngern spricht: «Doch ich sage euch die Wahrheit: Es ist euch nützlich, daß ich weggehe, denn wenn ich nicht weggehe, wird der Sachwalter nicht zu euch kommen, wenn ich aber hingehe, werde ich ihn zu euch senden. Und wenn er gekommen ist, wird er die Welt überführen von Sünde

---

[30] Abrams, Recent Revival, 9.

und von Gerechtigkeit und von Gericht."[31] – Die Abwesenheit der Autorin in Mukti wird hier also regelrecht zur Voraussetzung für die Erweckung dortselbst erklärt! Dieser Lesart entspricht auch der Fortgang der Erzählung:

>»Am Fuße des Berghangs sagte ich: ›Oh, Gott, in diesem bevorstehenden Revival bin ich eine Anwärterin für den Dienst. Was auch immer du zu tun für nötig hältst, mach mich bitte bereit, es zu tun, und ich will alles erfüllen, was du von mir an Taten verlangst.‹ Es war eine Zeit des Suchens, eine Zeit der Erniedrigung, eine Zeit der Buße, … und Gott tat ein vorzügliches Werk. Er sandte mich zurück, bevor ich wieder genesen war, und sagte: ›Kennst du nicht diese meine Versprechungen? Du forderst andere dazu auf, an diese Versprechungen zu glauben, und jetzt ziehst du hinaus auf ihnen.‹ Und so zog ich aus.«[32]

Die Früchte ihres Tuns werden der in dieser Weise Ausgesandten auch alsbald sichtbar: In der ersten Unterweisung einer Gebetsbande, die nach der Rückkehr Abrams' nach Mukti in die Dörfer ausgeschickt werden soll, um das Evangelium zu predigen, öffnet die US-Amerikanerin »die Bibel in der Apostelgeschichte, und ich begann, ihnen darzulegen, was der Heilige Geist in Leuten bewirkt hat, in denen er Wegefreiheit hatte«.[33] Wie zur Bestätigung dieser Darlegungen ereignet sich schließlich »am nächsten Morgen um halb vier«[34] eine Ausgießung des Heiligen Geistes in einem der Schlafsäle der *Mukti Mission*, deren äußere Ähnlichkeit mit Apg. 2,3 nicht zu übersehen ist. Eines der Mädchen

>»erwachte, als das Feuer auf sie hernieder kam. … Die beiden jungen Frauen, die neben ihr schliefen, sprangen auf und erblickten das Feuer. Eine von ihnen rannte quer durch den Raum, holte einen Eimer Wasser und schleppte ihn heran, um ihn über der jungen Frau auszuleeren, als sie bemerkte, dass diese gar nicht in Flammen stand. Es war ein wiederholter Fall des ›brennenden Busches‹.«[35]

Die Produktion historiographischer Narrative verstärkt und systematisiert sich indes mit der sich allmählich abzeichnenden Institutionalisierung der jungen Pfingstbewegung, die spätestens 1914 mit der Gründung der *Assemblies of God* in den USA ihren Anlauf nimmt. Zu diesem Zeitpunkt genügt offenbar die reine

---

[31] Zitiert nach: Das Neue Testament. Revidierte Elberfelder Übersetzung, Wuppertal 19853.
[32] Abrams, Recent Revival, 9.
[33] A.a.O.
[34] A.a.O.
[35] A.a.O.

Differenzmarkierung des Ausdrucks ›Pentecostal Movement‹ nicht länger, um die Identität der so bezeichneten Bewegung zu stützen. Inhaltliche Kennzeichen müssen gefunden werden, um die Legitimität der behaupteten Differenz zur klassischen Heiligungsbewegung zu begründen; theologische Doktrinen sollen das Profil der sich formierenden Untergruppen schärfen und vor allem: Historiographische Narrative helfen bei der Begründung, dass es sich bei der Pfingstbewegung nicht bloß um eine Abspaltung von der US-amerikanischen Heiligungsbewegung handelt, sondern um etwas substantiell Neues, ja Revolutionäres. So ist es vermutlich kein Zufall, dass das erste pentekostale Geschichtsbuch im Umfeld der *Assemblies of God* bereits zwei Jahre nach deren Gründung im hauseigenen Verlag im Jahr 1916 erschien.[36] Hier propagiert der *AoG*-Presbyter B. F. Lawrence, dass die Pfingstbewegung göttlichen Ursprungs sei, als ihre Formierung (im Gegensatz zu anderen, als historische Entwicklungen gedachten christlichen Strömungen) aus heiterem Himmel, spontan und ohne historische Vorformen erfolgt sei: »Die Pfingstbewegung hat keine solche Geschichte. Sie überspringt die dazwischen liegenden Jahre, wenn sie ruft: ›*Zurück zu Pfingsten!*‹ … Dieses Werk Gottes ist unmittelbar verbunden mit seinem Werk in den Tagen des Neuen Testaments.«[37]

Auch der Impuls zu einer wissenschaftlich fundierten Historiographie zur Pfingstbewegung ist im Umfeld der *Assemblies of God* beheimatet: Im Anschluss an Stanley H. Frodshams erstmals 1926 erschienenes Werk *With Signs Following. The Story of the Pentecostal Revival in the Twentieth Century*,[38] das sich intensiv mit historischen Quellen auseinandersetzt, haben zahllose pentekostale Forscher daran gearbeitet, die Geschichte der Pfingstbewegung seit ihren Anfängen akribisch zu dokumentieren. So hat etwa der bereits erwähnte James Goff in seiner Biographie des weißen Heiligungspredigers Charles Parham herausgestellt, dass dieser »allein die charakteristische ideologische Formel der Zungen als anfänglichen Beweis für die Taufe mit dem Heiligen Geist formuliert hat. Diese Entdeckung erschuf letztendlich die Pfingstbewegung«.[39] Im Anschluss daran hat vor allem der Historiker und *AoG*-Theologe Vinson Synan anschaulich dargestellt, dass die Pfingstbewegung heute im Allgemeinen als ein historisch in den USA

---

[36] Vgl. Bennett F. Lawrence, The Apostolic Faith Restored, St. Louis 1916.
[37] A.a.O. 12.
[38] Vgl. Stanley H. Frodsham, With Signs Following. The Story of the Pentecostal Revival in the Twentieth Century, Springfield 1946.
[39] Goff, Fields, 164.

zu verortendes Phänomen verstanden wird, das von US-amerikanischen Missionaren in alle Welt exportiert worden sei. So inszeniert ein von Synan (anlässlich des 100-jährigen Jubiläums der ›Begründung‹ der US-amerikanischen Pfingstbewegung durch Parham) herausgegebener Aufsatzband vor allem das *Azusa Street Revival* als maßgeblichen Beginn der weltweiten Pfingstbewegung, die sich infolge der Popularität dieser Erweckung und des missionarischen Eifers ihrer frühen Anhänger in zahlreichen Ländern der Erde etabliert habe.[40] Doch trotz dieser Würdigung des Werks des schwarzen Predigers und Parham-Schülers William Seymour stellen die Texte unmissverständlich klar, dass Parhams »Doktrin der Zungenrede als ›biblischer Beweis‹ der Taufe mit dem Heiligen Geist auf direktem Wege zum Azusa Street Revival im Jahre 1906 und der Entstehung der weltweiten Pfingstbewegung geführt«[41] habe. Auch Synan hält fest: »Eine Schülerin des ehemaligen Methodistenpastors und Lehrers der Heiligungsbewegung Charles Fox Parham, [Agnes] Ozman, empfing [zum Jahreswechsel 1900/1901] eine Aufsehen erregende Manifestation der Gabe in Zungen zu reden und wurde in der Tat zur ersten Pfingstlerin des 20. Jahrhunderts.«[42]

Dieser Füllung des substantiellen Mangels des Ausdrucks ›Pfingstbewegung‹ durch eine Identität, die diese als eine genuin US-amerikanische Spielart des Christentums versteht, ist in den letzten Jahrzehnten jedoch durch Konzeptionen begegnet worden, die die Pfingstbewegung von dieser vermeintlichen Vereinnahmung durch weiße US-amerikanische Pfingstler zu befreien trachten: So propagierte bereits in den 1960er Jahren der Schweizer Walter Hollenweger eine Art ›schwarzen Ursprung‹ der Pfingstbewegung und verortete die Wurzeln pentekostaler Spiritualität in der Religiosität ehemaliger afroamerikanischer Sklavengemeinden. Diese Religiosität ist jedoch nicht als eine historisch in den USA anzusiedelnde ›kontextuelle‹ Spiritualität, sondern als eine universelle, genuin nichteuropäische Kategorie zu verstehen, wie Hollenweger klarstellt: »Für den Afrikaner und Asiaten liegen Wahrheit oder Nicht-Wahrheit auf einer tieferen Ebene als für den Weißen.«[43] Es gehe ihnen nicht um die »Übereinstimmung der Worte,

---

[40] Vgl. Vinson Synan (Hg.), The Century of the Holy Spirit. 100 Years of Pentecostal and Charismatic Renewal 1901–2001, Nashville 2001.

[41] Robert Owens, The Azusa Street Revival. The Pentecostal Movement Begins in America, in: Synan (Hg.), The Century of the Holy Spirit, 39–68, hier: 42.

[42] Vinson Synan, The Pentecostal Century. An Overview, in: Ders. (Hg.), The Century of the Holy Spirit, 1–13, hier: 1.

[43] Hollenweger, Enthusiastisches Christentum, XIX.

sondern um die Übereinstimmung der Empfindungen«.[44] Während also der Af-
roamerikaner und Sohn ehemaliger Sklaven, Seymour, zwar durch die Initiie-
rung des *Azusa Street Revivals* die Pfingstbewegung quasi formal begründet
habe, so liege der *wahre Ursprung* pentekostaler Frömmigkeit doch in den
»schwarzen, mündlichen Kommunikationskategorien«,[45] wie auch der Hollen-
weger-Schüler Iain MacRobert in den 1980er Jahren betont hat, indem er auf-
wies, dass »es eine gewisse Kontinuität des Glaubens und religiöser Praktiken
zwischen afrikanischer Religion und schwarzem nordamerikanischem Christentum gibt«.[46] Auch wenn die Idee der ›schwarzen Wurzeln‹ im hollenwegerschen
Sinne heute nur noch selten geäußert wird, so hat sich sein Vorschlag, das *Azusa
Street Revival* zum Ausgangspunkt der Pfingstbewegung zu erklären, zur weitgehend einschlägigen Position innerhalb der historiographischen Forschung zur
Pfingstbewegung entwickelt.[47]

Der für die 1960er Jahre revolutionäre Versuch Hollenwegers, einen Schwarzen als den Gründervater der Pfingstbewegung gegen seinen weißen Lehrer zu
setzen, der sich darüber hinaus auch durch rassistische Theorien hervorgetan hat,
ist in jüngerer Zeit vor allem durch den aus der südafrikanischen Pfingstbewegung stammenden Allan Anderson ausgeweitet worden. Dieser moniert, dass
aufgrund des einschlägigen Bildes der Pfingstbewegung als eines US-amerikanischen ›Exportschlagers‹ »die Helden und Heldinnen«[48] der pfingstlichen Geschichte ausschließlich Westler seien und »als die Hauptakteure bei der globalen
Ausbreitung der Pfingstbewegung«[49] angesehen werden, während »die wesentliche Rolle Tausender nationaler Kräfte in der frühen Pfingstbewegung entweder
ignoriert, übersehen oder kleingeredet«[50] werde. Anderson propagiert daher das
Bild der Pfingstbewegung als eines von Anfang an kosmopolitischen, globalen
Phänomens, indem er das Modell eines ›mehrkernigen Ursprungs‹ durch die Rekonstruktion mehrerer zeitgleich erfolgter Erweckungen in aller Welt vertritt.
Neben dem *Azusa Street Revival* in Los Angeles im Jahre 1906 führt er vor allem
das oben thematisierte indische *Mukti Revival* ins Feld, das zum einen völlig

---

[44] A.a.O.
[45] A. a. O. 35.
[46] Iain MacRobert, The Black Roots and White Racism of Early Pentecostalism in the USA, New York 1988, 10.
[47] Vgl. Michael Bergunder, Der ›Cultural Turn‹ und die Erforschung der weltweiten Pfingstbewegung, in:
Evang. Theol. 69 (2009), 245–269, hier: 253.
[48] Anderson, Spreading Fires, 6.
[49] A.a.O.
[50] A.a.O.

unabhängig von Parhams pentekostalen Doktrinen ausgebrochen sei, als es bereits etwa ein dreiviertel Jahr vor der populären Erweckung in Azusa seinen Anlauf genommen habe, und zum anderen mit Pandita Ramabai eine prominente nicht-europäische Begründerin gefunden habe.[51] Als gemeinsame Wurzel dieser parallelen protopentekostalen Erweckungen macht der streng historisch argumentierende Anderson dabei den »kirchlichen Kontext ... des Methodismus, der Heiligungsbewegung, evangelikaler Erweckungen und der Heilungsbewegung«[52] aus und konstatiert: Die Pfingstbewegung »ist keine Bewegung, die einen eindeutigen Anfang in Amerika oder sonst wo genommen hat oder die auf einer besonderen Theologie basiert. Stattdessen handelt es sich bei ihr um eine Reihe von Bewegungen, die nach mehreren Jahren und einigen verschiedenen, formgebenden Ideen und Ereignissen auftauchte«,[53] etwa infolge des *Azusa Street Revivals* oder des *Mukti Revivals*.

Wie dieser knappe Überblick zur historischen Erforschung der Pfingstbewegung gezeigt hat, trägt also auch und gerade die wissenschaftliche Historiographie ganz konkret dazu bei, den Mangel zu beheben, den der *primal baptism* einer reinen Differenz auf den Namen ›Pfingstbewegung‹ erzeugt hat, indem sie bestrebt ist, dem im wissenschaftlichen Diskurs kursierenden Ausdruck historiographische Narrative zuzuordnen, welche die stets implizit mitgedachte inhaltliche Verfasstheit des Forschungsgegenstandes stützen sollen. Man könnte also sagen: Die Geschichte der Pfingstbewegung ist selbst das direkte Resultat des retroaktiven Effekts der Benennung des ‚Gegenstands‘ durch den *pure signifier* ›Pfingstbewegung‹. Doch dieses Resultat ist kein zufälliges und einmaliges, auch wenn es dem durch den *primal baptism* erzeugten diskursiven Mangel zwangsläufig nachfolgt. Wie sehr *history building* und Identitätskonstruktion gerade auch auf wissenschaftlicher Ebene in kontinuierlich neuer ›Schaffenskraft‹ ineinandergreifen, hat Michael Bergunder ausführlich herausgestellt: Er zeigt, wie die durch Hollenweger initiierte Debatte um die Ursprünge der Pfingstbewegung diese einer stetigen ›Globalisierung‹ unterzogen hat, sodass die ursprünglich als US-amerikanische Missionsbewegung verstandene Strömung heute im Allgemeinen als ein globales Phänomen konstruiert wird.[54] So werden nicht nur die direkt auf die erwecklichen Ereignisse in den USA zu Anfang des 20. Jahrhun-

---

[51] Vgl. a.a.O. 77–89.
[52] A.a.O. 18.
[53] A.a.O. 27.
[54] Vgl. Bergunder, Cultural Turn, 252–254.

derts zurückgehenden Gruppen der Pfingstbewegung zugerechnet, sondern auch die ›charismatische Erneuerung‹ innerhalb der etablierten Kirchen seit den 1950er Jahren sowie die sogenannten *Neo-Pentecostals*, eine etwas diffuse Kategorie, unter der unzählige ›geistgeleitete‹ indigene Kirchen in der ›Dritten Welt‹ zusammengefasst werden, die sich seit etwa 1970 im Rahmen der *Third Wave* stark ausgebreitet haben und die mit Abstand zahlenstärkste Fraktion pentekostaler Typen bilden.[55] Bergunders »historische Einschätzung …«[56] ist nun, dass sich ein unter dieser globalen Perspektive definiertes Phänomen *Pfingstbewegung* erst für die »letzten zwei oder drei Jahrzehnte …«[57] belegen lässt, als vor allem die historischen Zusammenhänge von Gruppen innerhalb der *Third Wave* mit den behaupteten Anfängen der Bewegung in den USA zu Beginn des 20. Jahrhunderts zusehends in Frage gestellt werden.[58] »Von diesem Blickpunkt aus betrachtet, würden die ›Ursprünge‹ der heutigen Pfingstbewegung in den 1970er und 1980er Jahren liegen und nicht davor.«[59] In unserem Sinne formuliert: Der seit dem Auftauchen des reinen Signifikanten ›Pfingstbewegung‹ florierende Diskurs um die substantielle Füllung des dadurch geschaffenen diskursiven Mangels hat mit Hollenwegers Einspruch gegen das Bild dieser Strömung als Erfindung eines weißen US-Amerikaners eine neue Pfingstbewegung erschaffen, deren Identität heute im Allgemeinen als ein »von Anfang an … globales Geschehen«[60] verstanden wird und deren Anhängerzahl die zu Beginn dieses Essays angeführte Statistik unter dem Label *Pentecostal and Charismatic Movements* auf etwa eine halbe Milliarde beziffert.[61] Mit dieser inklusivistischen Ausweitung des Signifikanten auf eine globale Ebene ist der wissenschaftlich-historiographische Diskurs zur Pfingstbewegung auf dem besten Wege, seinem Gegenstand den geschichtlichen Ursprung und die ersten 70 Jahre seiner Geschichte zu nehmen; in dieser Lesart ist Walter Hollenweger der Erfinder der weltweiten Pfingstbewegung. Und er hat sie gleichzeitig abgeschafft.

---

[55] Vgl. dazu etwa Marco Frenschkowski/Roger G. Robins/Roswith Gerloff/Michael Bergunder, Art.: Pfingstbewegung/Pfingstkirchen, in: RGG 2003⁴, 1232–1242, hier: 1239.
[56] Bergunder, Cultural Turn, 257.
[57] A.a.O.
[58] Vgl. etwa auch die Diskussion zu den Afrikanischen Unabhängigen Kirchen (AUK) in: Bergunder, Cultural Turn, 263–269.
[59] A.a.O. 257.
[60] Michael Bergunder, Pfingstbewegung, Globalisierung und Migration, in: Ders./Haustein (Hg.), Migration und Identität, 155–169, hier: 156.
[61] Vgl. Barrett/Johnson, Global Statistics.

# Ausblick: Konsequenzen für die Geschichtsschreibung

Die aus den vorangegangenen Ausführungen resultierende These, dass nicht der historische Gegenstand die Geschichtsschreibung, sondern umgekehrt die Geschichtsschreibung den historischen Gegenstand konstituiert, wenn nicht gar erzeugt, ist nicht neu. So hat Foucault herausgestellt, dass man »sich mit Sicherheit täuschen [würde], wenn man dem Sein ... selbst, seinem geheimen Inhalt, seiner stummen und in sich verschlossenen Wahrheit das abverlangen würde, was man zu einem bestimmten Augenblick hat darüber sagen können«.[62] Im Gegenteil: Was wir als Historiker über die Pfingstbewegung sagen können, ist nicht, was die Pfingstbewegung ›tatsächlich‹ ist oder war, sondern was verschiedene Texte zu einem bestimmten Zeitpunkt über sie gesagt haben: Das Objekt »ist durch die Gesamtheit dessen konstruiert worden, was in der Gruppe all der Aussagen gesagt worden ist, die [es] benannten, [es] zerlegten, [es] beschrieben, [es] explizierten, [seine] Entwicklungen anzeigten«,[63] kurz: es intelligibel gemacht und damit als historischen Gegenstand erst erzeugt haben.

Die Schlussfolgerung aus diesen Überlegungen besonders im Bezug auf die Geschichtsschreibung führt Foucault an anderer Stelle an: Wenn erst das historiographische Narrativ den historischen Gegenstand erzeugt, so kann es sich auch bei dem behaupteten historischen Ursprung dieses Gegenstands (etwa in den Schwarzengemeinden der USA) um nicht mehr als den »»metaphysische[n] Nachtrieb [handeln], welcher bei der Betrachtung der Historie wieder ausschlägt und durchaus meinen macht, am Anfang aller Dinge stehe das Wertvollste und Wesentlichste«:[64] Die Idee des historischen ›Ursprungs‹ eines geschichtlichen Gegenstandes wie der Pfingstbewegung ist das *Produkt* des historiographischen Narrativs, das den Mangel des ›reinen Signifikanten‹ zu füllen sucht, indem es diesen Mangel für den Ort einer unübertrefflichen Fülle, für einen Ursprungskern hält. Doch »[a]m historischen Anfang der Dinge findet man nicht die immer noch bewahrte Identität ihres Ursprungs[,] sondern die Unstimmigkeit des

---

[62] Michel Foucault, Archäologie des Wissens, in: Ders., Die Hauptwerke, Frankfurt a. M. 2008, 471–700, hier: 505.

[63] A.a.O. 505.

[64] Michel Foucault, Nietzsche, die Genealogie, die Historie, in: Walter Seitter (Hg.), Michel Foucault. Von der Subversion des Wissens, Frankfurt a. M. 1987, 69–90, hier: 71. Foucault zitiert an dieser Stelle aus dem zweiten Band von Nietzsches Menschliches, Allzumenschliches.

Anderen«,[65] die Disparität oder in den Worten Žižeks: die Objektwerdung einer Lücke, einer *Diskontinuität*, einer reinen Differenz zu etwas Anderem.

Diese Eliminierung der Narrativität mit ihren Ursprüngen, Entwicklungen und Pointen aus einer ›Geschichte‹, die als der Sprache externes Objekt gedacht ist, ist in der Folge am profiliertesten durch Hayden White betrieben worden, der aufgezeigt hat, dass Geschichtsschreibung stets zu einem gewissen Grad den Charakter von Erzählungen aufweise: »sprachliche Fiktionen …, deren Inhalt ebenso *erfunden* wie *vorgefunden* ist und deren Formen mit ihren Gegenstücken in der Literatur mehr gemeinsam haben als mit denen in den Wissenschaften.«[66] Gleichzeitig hat White mit der These, dass es sich bei der seither vielgescholtenen Narrativität historiographischer Texte schlechterdings um ein »menschliches Prinzip«[67] handele, das wir nicht überwinden können, dem potentiellen Bestreben eine Absage erteilt, die ›nackten Tatsachen‹ der Geschichte auf andere als eine erzählerische Weise zu erfassen.

Worin, so könnte man in Anbetracht der vorgebrachten Überlegungen fragen, liegt dann noch der Sinn einer religionsgeschichtlichen Beschäftigung mit einem historischen Gegenstand wie der Pfingstbewegung? Und antworten: Nimmt man die Einsprüche poststrukturalistischer Ansätze gegen die klassische Art und Weise, die Pfingstbewegung zu beschreiben, ernst, so kann es nicht länger darum gehen, einen positiven historischen Gegenstand zu ›rekonstruieren‹; ebenso wenig sollte es dem auf diese Weise und mit religionswissenschaftlichem Impetus arbeitenden Forscher ein Anliegen sein, in vollem Bewusstsein seiner sprachlichen Handlungsmacht den *pure signifier* ›Pfingstbewegung‹ auf eine spezifische Art und Weise zu füllen und ihm damit einen fixen Charakter, eine Identität zu verleihen (dieses Anliegen sollte den Pfingstlern selbst überlassen bleiben). Vielmehr könnte seine Arbeit darin bestehen, genau diese von vielen Seiten vorgenommene Fixierung des historischen Gegenstandes und damit der religiösen Identität durch die akribische Nachzeichnung der verschiedenen historiographischen Plots ›aufzuweichen‹ und dabei die literarischen Strategien der einzelnen Texte sowie die Verwerfungen des historiographischen Diskurses aufzudecken: Welche Konzeptionen von Welt und Wirklichkeit transportieren die verschiede-

---

[65] A.a.O. 71.
[66] Hayden White, Der historische Text als literarisches Kunstwerk, in: Christoph Conrad/Martina Kessel (Hg.), Geschichte schreiben in der Postmoderne. Beiträge zur aktuellen Diskussion, Stuttgart 1994, 123–157, hier: 124f.
[67] Hayden White, The Content of the Form. Narrative Discourse and Historical Representation, Baltimore 1987, 1.

nen Narrative über den historischen Gegenstand? Welche Erzählungen dominieren den Diskurs? Welche externen Konzeptionalisierungen können durch die jeweiligen Narrative legitimiert, relativiert oder bekämpft werden und welche (politischen) Strategien verfolgen die jeweiligen Autoren dabei? In diesem Sinne sollte es der Religionsgeschichtsschreibung gerade nicht darum gehen, einen historischen Gegenstand als fixe ›religiöse Kategorie‹ zu beschreiben und intelligibel zu machen; vielmehr kann der poststrukturalistisch motivierte Historiker gerade dort ansetzen, wo eine prinzipiell als fluide gedachte diskursive Größe fixiert zu werden droht, wo die Deutungsmacht eines Akteurs in solcher Weise überhandnimmt, dass der lebendige Diskurs um die Füllung des Mangels, den der *pure signifier* geschaffen hat, zu erliegen droht.

In diesem Sinne ist der foucaultsche Historiker freilich ebenfalls kein bloßer Chronist mehr: Er mutiert zum Politiker und zum Hofnarren zugleich; zum Ersteren, indem er die Bedingungen des Sagbaren durch sein stetes Insistieren auf der Fluidität historischer Konzeptionen und Gegenstände auf einer Ebene hält, auf der grundsätzlich auch Äußerungen, die dem diskursiven Mainstream widersprechen, getätigt werden können (man könnte dies das *radikaldemokratische Ethos* des Poststrukturalismus nennen); und zum Letzteren, weil dieses Ethos letztlich nur die »identitätszersetzende Auflösung«[68] des Fixen, die Demaskierung des Mächtigen im Diskurs bedeuten kann und die Arbeitsweise dieses Historikers im Kern in der stetigen Verschiebung der Konzeptionen, in der »wirklichkeitszersetzende[n] Parodie«[69], besteht. So stellt er etwa der einschlägigen historiographischen Erzählung über die Entstehung der Pfingstbewegung in den USA, die sich aus dem Selbstverständnis der frühen (und teilweise auch heutigen) US-amerikanischen *Pentecostals* speist, nicht bloß von dieser Lesart abweichende Narrative gegenüber, wie sie vor allem in Zeugnissen aus den ehemaligen Kolonien, aber auch von europäischen Autoren geäußert wurden. Sein Anliegen reicht weiter: Anders als etwa Hollenweger oder Anderson, die die Geschichte von Charles Parham als dem Gründervater der Pfingstbewegung lediglich durch ein neues Narrativ ersetzen, geht es dem Historiker darum, herauszuarbeiten, unter welchen historischen Bedingungen und diskursiven Konstellationen *sämtliche* Geschichten der Entstehung der Pfingstbewegung mit der ihnen jeweils eigenen Plausibilität erzählt werden konnten: Welche Faktoren und dis-

---

[68] Foucault, Nietzsche, 85.
[69] A.a.O.

kursiven Machtverhältnisse bedingten die Karriere dieser Narrative im Diskurs, sodass einige in die Geschichtsbücher eingehen konnten, während andere in den Tiefen der Archive vergessen worden sind? Auf diese Weise unterscheidet sich der foucaultsche Historiker wiederum nicht von seinen Kollegen; auch sein Platz ist das Archiv und die Schreibwerkstatt. Doch die Geschichte, die er erzählt (und eine Geschichte erzählt er freilich nach wie vor), ist nicht die historischer, rekonstruierbarer ›Fakten‹, sondern die der Genese von Narrativen und Wissen *über* diese Fakten, ihrer kontextuellen Situiertheit und ihres historischen Werdegangs. Der historische Gegenstand *Pfingstbewegung* wird damit niemals als positives Phänomen greifbar, sondern stets nur als Maske, die andere ihm aufsetzen, um seinen Mangel an substantieller Fülle zu verschleiern; der Historiker

> »weiß, was er von dieser Maskerade zu halten hat. Nicht, daß er sie zurückweist, weil sie ihm zu wenig ernst ist; vielmehr möchte er sie bis zum Äußersten treiben: er möchte einen großen Karneval der Zeit veranstalten, in dem die Masken unaufhörlich wiederkehren. Anstatt unsere blasse Individualität mit den starken Identitäten der Vergangenheit zu identifizieren, geht es darum, uns in so vielen wiedererstandenen Identitäten zu entwirklichen.«[70]

Die Entwirklichung historischer Realität: In diesem Aspekt historiographischen Arbeitens liegt wie gesagt die prägnanteste und charakteristische Eigenart des foucaultschen Historikers: die des Karikaturisten, des Hofnarren.

(Yan Suarsana war bis 2011 Assistent am Lehrstuhl für Reformations- und Neuere Kirchengeschichte an der Theologischen Fakultät der Universität Heidelberg. In seiner Dissertation beschäftigt er sich mit der südindischen Pfingstbewegung um 1900.)

## ABSTRACT

During the past decades, Pentecostalism has turned out to be one of the fastest growing religious movements in the world. In spite (or, perhaps, precisely because) of the fact that the phenomenon is covered by various academic disciplines, there has never been a real consensus of what Pentecostalism ›really is‹ and how it could be defined adequately. In my essay I try to show why we find it so difficult to give a suitable definition of the phenomenon and therefore provide a solution inspired by post-structural theory to deal with this problem. Additionally, I will give an insight of how this post-structural understanding of the subject can help to develop a corresponding view on the historiography of religion.

[70] A.a.O.

# Zur Bedeutung des II. Vatikanischen Konzils für die Weltkirche

## Katholischer Aufbruch oder zentralistische Wiederkehr?*

*Giancarlo Collet*

## 1. Ankündigung des Konzils und Vorbereitung

Als Johannes XXIII. am 25. 1. 1959 ein neues Konzil ankündigte, waren die Kirchen auf der ganzen Welt völlig überrascht. Zwar lagen schon vorher Konzilspläne in den Geheimfächern der vatikanischen Behörden; diese waren aber nur in Kreisen päpstlicher Diplomatie bekannt und drangen nicht an die Öffentlichkeit. Angesichts der zu erwartenden Schwierigkeiten verfolgte sein Vorgänger, Pius XII., diese Pläne nicht weiter. Zum Glück, kann man heute sagen, denn dieses Konzil wäre vermutlich ein Konzil geworden, das sich an der Wiederholung und Verteidigung bisheriger kirchlicher Lehre orientiert hätte. Das Konzil hingegen, das Johannes XXIII. im Blick hatte, »sollte nicht vorwiegend Fragen der Lehre und der Disziplin klären, sondern sich um das Zeugnis der Kirche in der modernen Welt kümmern. Es sollte ein, wie er selbst es bald nannte, ›pastorales‹, ein ›seelsorgliches‹ Konzil sein«.[1] Dabei begegnete der Papst nicht nur Skeptikern gegenüber seinem Vorhaben, sondern innerhalb der römischen Kurie erhob sich Widerstand, den er »mit Entschiedenheit und Vertrauen in die gute Sache« zu überwinden wusste.[2]

---

* Festvortrag anlässlich der Verabschiedung von Prof. Dr. Heinz-Günther Stobbe am 28.1.2013 an der Universität Siegen.

[1] Otto Hermann Pesch, Das Zweite Vatikanische Konzil. Vorgeschichte. Verlauf – Ergebnisse. Nachgeschichte, Würzburg 1993, 46, 63ff.
[2] Pesch, Das Zweite Vatikanische Konzil, 53.

Die von Johannes XXIII. eingesetzte »Kommission zur Ingangsetzung der Vorbereitung« (*Commissio antepraeparatoria*) sollte möglichst alle kirchlichen Ebenen einbeziehen. Der Vorschlag, die Bischöfe mit einem Fragebogen zu konsultieren, wurde allerdings schnell verworfen, um die Spontaneität der Eingaben und damit ihre Offenheit für das, was sie sich von der weltweiten Versammlung wünschten, nicht einzuschränken. Was dabei zurückkam, lässt sich dahingehend zusammenfassen: Die in Rom eingegangenen Vota drehten sich inhaltlich vor allem um die Rolle des Bischofs, um Fragen der Liturgiereform und um die Wiederherstellung des ständigen Diakonats angesichts eines wachsenden Rückgangs von Priesterberufungen.[3] Oft erweckten die gemachten Vorschläge – wie ein Kirchenhistoriker schrieb – »den Eindruck, dass es sich um eine Vorbereitung für das Konzil von Trient handelt und nicht etwa für ein ökumenisches Konzil der gesamten Kirche im 20. Jahrhundert«.[4] »Katholische Lehre« und strenge kirchliche Disziplin waren für die meisten wichtiger als die »Zeichen der Zeit« zu erkennen und sich auf die mit ihnen verbundenen Herausforderungen einzulassen. Divergenzen in der Erwartung an das Konzil konnten freilich nicht folgenlos bleiben, wie das Beispiel des damaligen Erzbischofs von Dakar, Marcel Lefèbvre, zeigen sollte.[5] Was genauer jedoch bewegte die Bischöfe und die für kirchliche Führungsaufgaben Verantwortlichen? Dazu einige kurze Hinweise:

In den afrikanischen Voten tauchten oft Probleme der Entkolonialisierung der späten fünfziger Jahre des 20. Jahrhunderts auf, die zwar selten explizit, vielmehr indirekt angesprochen wurden. So sprachen sich Bischöfe aus dem Kongo gegen nationalistische Unabhängigkeitsbewegungen und für die Missionen aus; Bischöfe in Angola und Moçambique verurteilten den Kommunismus, wohl als Reaktion auf die dort sich formierenden, unter russischem Einfluss stehenden Unabhängigkeitsbewegungen. Im damaligen Algerienkonflikt machte sich eine unterschiedliche politische Einstellung gegenüber der französischen Kolonialpolitik auch in der Wertschätzung des Islam bemerkbar. Während der Erzbischof von Algier einem (interreligiösen) Dialog offen gegenüberstand, war dies bei dem ihm unterstehenden Bischof von Oran nicht der Fall. Viele aus Belgien und

---

[3] Vgl. Etienne Fouilloux, Die Vor-Vorbereitende Phase (1959–1960). Der langsame Gang aus der Unbeweglichkeit, in: Giuseppe Alberigo (Hg.), Geschichte des Zweiten Vatikanischen Konzils (1959–1965), Bd. 1 (Die katholische Kirche auf dem Weg in ein neues Zeitalter), Mainz/Leuven 1997, 61–187, 121.

[4] Jeffrey Klaiber, Peru, in: Vísperas 162, zit. in: Fouilloux, Die Vor-Vorbereitende Phase (1959–1960), 124, Anm. 105.

[5] Vgl. Wolfgang Beinert, Ein Grundsatzkonflikt. Das Konzil und die Piusbrüder, in: Herder Korrespondenz Spezial. Konzil im Konflikt. 50 Jahre Zweites Vatikanum 2–2012, 18–22.

Frankreich stammende Missionsbischöfe sprachen sich für eine Afrikanisierung des Katholizismus aus; dazu zählten auch Missionsprälaten der Weißen Väter, während diejenigen aus der Kongregation der Patres vom Heiligen Geist (Spiritaner) in diesem Anliegen eher zurückhaltend waren.

Zu den vor Beginn des Konzils zugestellten Vorlagen meinte die Bischofskonferenz des Tschad, die unterschiedliche Situation der Weltkirche verlange vor allem in liturgischen Fragen und solchen der Sakramentenspendung eine größere Entscheidungskompetenz der Bischöfe. Sie erwarteten darüber hinaus eine Reform sowie eine Internationalisierung der Kurie und ein verändertes äußeres Erscheinungsbild des Vatikans. »Es ist – so die Bischöfe wörtlich – deshalb äußerst wichtig, dass Rom nicht nur durch Worte und durch die Taten des Pontifex Maximus, sondern auch durch das Umfeld selbst, durch die Zeremonien und andere äußere Zeichen, mit denen sich der ehrwürdige Papst und seine Vertrauten umgeben, der christlichen Welt Respekt und Liebe im Sinne des Evangeliums vermittelt.«[6]

Im Unterschied zu den brasilianischen Eingaben beschäftigten sich nur wenige lateinamerikanische Bischöfe mit dem bereits damals so wichtigen Problem der Verarmung eines wachsenden Teils ihrer Bevölkerung. Die sie unmittelbar berührende konkrete Situation war nach bischöflicher Meinung nicht ein von ihnen auf dem Konzil zur Sprache zu bringendes Anliegen.[7] Viele wurden von der Angst vor dem Kommunismus herumgetrieben, den sie verurteilt wissen wollten, obwohl er weder auf den lateinamerikanischen Straßen noch bei den Wahlen je eine ernsthafte Bedrohung bedeutete. Die Tatsache, dass er so streng verurteilt wurde, lässt sich nur durch das Schreckgespenst der kubanischen Revolution erklären, die 1959 stattfand, also kurz bevor die meisten Bischöfe ihr Votum abschickten. Diktaturen hingegen wurden kaum kritisiert, obwohl sie nicht immer zimperlich mit der Kirche umsprangen. So hatten die Bischöfe Paraguays offenbar keine Schwierigkeit damit, von der damaligen Regierung Stroessner finanzielle Unterstützung zur Reise nach Rom anzunehmen. Ausnahmen bestätigen allerdings die Regel: Der US-amerikanische Bischof Francis Thomas Reilly vom Orden der Redemptoristen, der in der Dominikanischen Re-

---

[6] Zit. bei: Klaus Wittstadt, Am Vorabend des II. Vatikanischen Konzils, in: Alberigo (Hg.), Geschichte des Zweiten Vatikanischen Konzils (1959–1965), 457–560, 475.

[7] Vgl. als ein Beispiel: Jesús Garcia, Los aportes de los Obispos mexicanos para la preparación del Concilio Vaticano II, in: Ders., Escrutando los tiempos y acontecimientos. Rescatando la memoria de una Patristica Latinoamericana, Mexico 2012, 161–168.

publik des Diktators Rafael Trujillo verfolgt wurde, griff dieses Thema fast als Einziger auf.

Was das Verhältnis zu den anderen christlichen Konfessionen betrifft, so sah die Lage nicht viel besser aus; auch hier drängten einige auf einen harten Kurs. Zahlreiche lateinamerikanische Prälaten übergingen nicht nur das Thema Ökumene, sondern wünschten sich eine Verurteilung des protestantischen Proselytismus, wenn nicht kurzerhand des gesamten Protestantismus. Erst im Verlauf des Konzils gab es – abgesehen von den Ländern des »Cono Sur«, wo eine ökumenische Öffnung weniger schwierig war – ein »Tauwetter« infolge von persönlichen und bis dato nie gekannten Kontakten, die zahlreiche Bischöfe aus Lateinamerika in Rom mit nichtkatholischen Beobachtern hatten. Die durch das Konzil ermöglichten Kontakte unter den Bischöfen, Theologen, Experten und Beobachtern sind übrigens nicht zu unterschätzen, denn sie schufen eine eigene Atmosphäre und führten zu neuen Freundschaften und »Kirchenerfahrungen«. So war nach Ansicht von Franz-Xaver Kaufmann das II. Vatikanum »vor allem eine kirchenpolitische und soziale Erfahrung für die Konzilsväter; es war die Erfahrung der Gemeinschaft statt derjenigen der hierokratischen Herrschaft, und aus ihr entspringt die Perspektive einer Ekklesiologie der Communio.«[8]

Die Bischöfe aus Brasilien, die neben dem italienischen und dem US-amerikanischen Episkopat die drittgrößte Gruppe bildeten, wiesen in den von ihnen eingereichten Voten ein breites Spektrum auf, das auf der einen Seite von einem starren Integralismus geleitet die Kirche als eine Festung beschrieb, welche von außen und innen durch zahlreiche Feinde bedroht wird und deshalb nach deren Verurteilung ruft. Auf der anderen Seite gab es jedoch genauso Stimmen, die anregten, die Kirche solle sich vor allem im wirtschaftlichen und sozialen, aber auch im wissenschaftlichen und politischen Bereich für eine bessere Welt einsetzen. Prominenter Vertreter dieser Stimmen war Dom Helder Camara, damals Sekretär der brasilianischen Bischofskonferenz und Vizepräsident des Lateinamerikanischen Bischofsrates (CELAM). Auf dem Konzil selbst spielte er eine wichtige Rolle, obwohl er selbst in keiner Generalversammlung das Wort ergriff, u. a. wegen seiner Fähigkeit, »Gesinnungsgenossen« zusammenzubringen, und seiner Bereitschaft zur Öffentlichkeitsarbeit; so hatte er Journalisten gegenüber keine Berührungsängste.

---

[8] Franz-Xaver Kaufmann, Das Zweite Vatikanische Konzil als Modernisierung des Katholizismus, in: Ders., Kirche in der ambivalenten Moderne, Freiburg 2012, 87–104, 102.

Camara schrieb während der Konzilszeit Rundbriefe an seine »geliebte Familie«, d. h. an Mitarbeiterinnen und Mitarbeiter in Brasilien.[9] Darin berichtete er über die Ereignisse auf dem Konzil, was ihn bewegte und welche Bücher er gerade im Lesen begriffen war. Diese *Circulares* sind eine einzigartige Quelle für sein Leben, aber genauso für die Konzilsgeschichte aus der Sicht eines Teilnehmers. Über den Einfluss Camaras auf das Konzilsgeschehen urteilte der belgische Konzilstheologe Charles Moeller: »Es war ein Bischof aus *Lateinamerika,* von dem der Anstoß kam, der zum Beschluss führte, ein Schema über die Kirche in der Welt zu verfassen. Dom Helder Camara, zu dieser Zeit Weihbischof von Rio de Janeiro, hörte nicht auf, mit seinen Besuchern über die Probleme der Dritten Welt zu sprechen. Ohne Unterlass wiederholte er: ›Was sollen wir also jetzt tun? … Sollen wir unsere ganze Zeit darauf verwenden, interne Probleme der Kirche zu diskutieren, während zwei Drittel der Menschheit Hungers sterben?‹.«[10] Das erwähnte Schema »Gaudium et spes«, die Pastoralkonstitution »Die Kirche in der Welt von heute«, gehört zu den markanten Dokumenten der konziliaren Erneuerung.

Die aus der ganzen Welt in Rom eingegangenen Voten – 2821 an der Zahl – wurden von den vorbereitenden Kommissionen (*Commissiones praeparatoriae*) zu 69 Vorlagen verarbeitet, die, sollten sie verabschiedet werden, 69 Konstitutionen, Dekrete und Erklärungen mit eindeutig kurialem Kurs bedeutet hätten. Diese Vorlagen wirkten wie ein Offenbarungseid für das, was die Konzilsväter zu erwarten hatten, der ohne die sich darin äußernde kuriale Dominanz nicht erfolgt wäre. Denn so »war das Konzil (nun) gezwungen, in der Stellungnahme zu den vorbereiteten Vorlagen darüber nachzudenken, wo die Weltkirche theologisch stand und stehen wollte … Die, die beanspruchten, die Weltkirche zu repräsentieren und daher zu leiten, würden zu hören gezwungen sein, was die Weltkirche wirklich denkt«.[11] Und sie bekamen dies in der Tat auch zu hören, spätestens dann nämlich, als auf der ersten Generalkongregation sich Stimmen gegen die vorgeschlagenen Konzilskommissionen und Textvorlagen erhoben.

[9] Dom Helder Camara, Circulares conciliares, Volume I, Tomos I-III, Luiz Carlos Luz Marques/Roberto de Araújo Faria (Org.), Recife 2009.
[10] Charles Moeller, Die Geschichte der Pastoralkonstitution, in: LThK E III, 242–278, 247.
[11] Pesch, Das Zweite Vatikanische Konzil, 70f.

## 2. Das II. Vatikanum als Durchbruch zur Weltkirche

Die katholische Kirche blieb bis in die 1960er Jahre *West*kirche, d. h. eine Kirche, die in ihrer Liturgie bis ins Letzte einheitlich gestaltet, sprachlich festgelegt und auch wesentlich durch westlich-römische Theologie bestimmt war. Es gab zwar schon vorher theologische Überlegungen sowie kirchliche Initiativen, die im Namen wahrer Katholizität ihren Beitrag zur Überwindung einer uniformen, monokulturellen, römisch-westlich geprägten Kirche leisteten und entsprechende Konsequenzen ergriffen. Erinnert werden soll an die Missionsenzyklika Benedikts XV. *Maximum illud* (1919), welche das Recht auf Eigenständigkeit sogenannter Missionskirchen forderte, ein Programm, das Pius XI. in seinem Rundschreiben *Rerum Ecclesiae* (1926) aufgriff und weiterführte. Sichtbares Zeichen einer beginnenden »Ent-Europäisierung« der katholischen Kirche war auch die Weihe asiatischer Bischöfe, denen Leitungsaufgaben anvertraut wurden. Das bedeutete allerdings noch lange nicht *Welt*kirche, auch wenn die katholische Kirche sich durch ihre Missionstätigkeit weltweit verbreitete und gegenwärtig wurde. Denn bei diesem weltweiten Gegenwärtig-Werden des Christentums durch die Kirche handelte es sich um »das Tun einer Exportfirma …, die eine europäische Religion, ohne eigentlich diese Ware verändern zu wollen, in alle Welt exportierte wie ihre sonstige sich für überlegen haltende Kultur und Zivilisation«.[12] Der lange Weg, der zu einer sich abzeichnenden multikulturellen Weltkirche führte, wurde verschieden beschrieben. So war die Rede »von den Missionen zu den Jungen Kirchen«, »von den ausländischen Missionen zu den Ortskirchen«, »von der westbetonten Einförmigkeit zum Kulturpluralismus« oder von einer mehr oder weniger monozentrischen Kirche Europas und Nordamerikas »zu einer kulturell polyzentrischen Weltkirche«.[13]

Was die kirchliche Selbstbesinnung und die entsprechende pastorale Neuorientierung betrifft, markiert das II. Vatikanische Konzil die entscheidende Etappe auf diesem Weg zur *Welt*kirche. Denn hier wurde zumindest theologisch der Weg eröffnet und gleichzeitig vom bisherigen theologisch-kirchlichen Eurozentris-

---

[12] Karl Rahner, Theologische Grundinterpretation des II. Vatikanischen Konzils, in: Schriften zur Theologie XIV, Zürich/Einsiedeln u. a. 1980, 287–302, 288; Ders., Perspektiven der Pastoral in der Zukunft, in: Schriften zur Theologie XVI, Zürich/Einsiedeln u. a., 143–159, 147.

[13] Vgl. J. Bruls, Von den Missionen zu den Jungen Kirchen, in: Ludwig Jakob Rogier/Roger Aubert u. a., Geschichte der Kirche, Bd. V/2, Einsiedeln 1977, 163–212. Vgl. Johann Baptist Metz, Im Aufbruch zu einer kulturell polyzentrischen Weltkirche, in: Franz-Xaver Kaufmann/Johann Baptist Metz, Zukunftsfähigkeit. Suchbewegungen im Christentum, Freiburg 1987, 93–123.

mus Abschied genommen, auch wenn sich diese »Verabschiedung« in der praktischen Umsetzung mühsam gestaltet und sich offensichtlich noch lange hinzieht. Dass dieser Weg jedoch unumkehrbar ist, ergibt sich nicht zuletzt aus folgender Tatsache: Seit Mitte der 1970er Jahre hat sich der Schwerpunkt der Weltchristenheit, was deren Mitgliederbestand betrifft, vom Norden in den Süden verlagert. Während die Europäer Anfang des 19. Jahrhunderts noch ziemlich genau die Hälfte der Christenheit ausmachten, so in den achtziger Jahren des 20. Jahrhunderts weniger als ein Drittel. Im gleichen Zeitraum ist der prozentuale Anteil Afrikas, Asiens und Lateinamerikas an der Weltchristenheit auffallend gestiegen; auf diesen drei Kontinenten leben inzwischen mehr als sechzig Prozent Christinnen und Christen. Nicht unerwähnt bleiben darf das enorme Wachstum der Pfingstkirchen, Neopentekostalen und Charismatiker während der vergangenen Jahrzehnte, die mittlerweile über ein Viertel der Weltchristenheit ausmachen und vor allem im Süden beheimatet sind.[14]

Der Schwerpunkt der Weltchristenheit, namentlich auch der katholischen Kirche, liegt nicht mehr im Norden (Europa und Amerika), sondern im Süden (Afrika, Asien und Lateinamerika). Um in diesem Zusammenhang den amerikanischen Historiker und Theologen Philip Jenkins zu zitieren: »Zu oft beziehen sich Äußerungen darüber, was ›heutige Christen akzeptieren‹ oder was ›Katholiken heute glauben‹, nur darauf, was jener immer kleiner werdende Rest der *westlichen* Christinnen und Christen denkt. Solche Behauptungen sind heute ungeheuerlich und mit der Zeit werden sie immer realitätsferner. Die Ära der westlichen Christenheit ist innerhalb unserer Generation zu Ende gegangen ...«[15] Wenn von *Welt*kirche gesprochen wird, ist deshalb vor allem an die Kirchen des Südens zu denken, die auf ihren durch das Konzil eröffneten Rechten bestehen werden – sofern Rom u. a. durch seine »bischöfliche Ernennungspolitik« dies nicht weiter erschwert – und uns in unserer Sicht der Dinge und im Urteil Zurückhaltung gebieten.

Im Unterschied zum I. Vatikanischen Konzil, an dem auch Bischöfe aus den außereuropäischen Kirchen teilnahmen und deren Anliegen vertreten konnten, diese sogenannten Missionsbischöfe aber europäischer oder nordamerikanischer

---

[14] Vgl. die statistischen Angaben bei David B. Barrett/Todd M. Johnson, Annual Statistical Table on Global Mission, in: International Bulletin of Missionary Research 36 (2012), 29.

[15] Philip Jenkins, Demographische Entwicklung der Christen weltweit: Auswirkungen auf die neue Evangelisierung, in: Sekretariat der Deutschen Bischofskonferenz (Hg.), WeltMission – Internationaler Kongress der Katholischen Kirche. Dokumentation (2.–4. Mai 2006 Kardinal-Döpfner-Haus, Freising) (Arbeitshilfen Nr. 202), Bonn 2006, 119–139, 122.

Herkunft waren, kamen auf dem letzten Konzil erstmals aus allen außereuropäischen Teilen der Welt einheimische Bischöfe zusammen. Von den rund 2500 Stimmberechtigten waren jeweils ca. 250 aus Asien und dem subsaharischen Afrika in Rom anwesend, 95 kamen aus der arabischen Welt und 70 aus Ozeanien, Lateinamerika war mit 601 Teilnehmern vertreten.[16] Die Präsenz dieser Bischöfe bot schon rein äußerlich das Bild einer multikulturellen Weltkirche. Mit dem II. Vatikanischen Konzil ging jedenfalls ein bestimmtes Zeitalter des Christentums und der Kirche zu Ende, auch wenn das Konzil die zukünftigen Entwicklungen mehr erahnen als im Einzelnen beschreiben konnte.

Grundlegend und für das neue Profil einer Weltkirche bedeutsam war der theologische Reflexionsprozess, welcher das Konzil durchlief und dessen Gedanken und Intentionen in den von ihm verabschiedeten 16 Konstitutionen, Dekreten und Erklärungen festgehalten wurden. Diese wurden zum Referenzpunkt zahlreicher Teil- und Ortskirchen, welche die konziliare Erneuerung zu rezipieren und in ihrem spezifischen Kontext umzusetzen begannen. Gegenüber einem stark jurisdiktionell und zentralistisch geprägten Kirchenbild, wie es noch das I. Vatikanische Konzil bot, brachte das vergangene Konzil ein anderes zur Geltung, nämlich jenes von der *Communio*, nach welchem die Gesamtkirche als Gemeinschaft von Kirchen zu verstehen ist, und zwar so, dass die Gesamtkirche und die vielen Orts- bzw. Einzelkirchen gleichursprünglich sind und zusammen die eine, die Vielfalt umgreifende Kirche bilden.[17]

Es kann hier nicht darum gehen, all das für die Weltkirche und die Mission theologisch Relevante Revue passieren zu lassen oder es gar im Einzelnen zu entfalten. In Erinnerung zu rufen sind jedoch einige wichtige Punkte:

- Nach konziliarem Selbstverständnis ist die Kirche »das universale Sakrament des Heils« für die Welt (LG 48). So lautet eine zentrale Bestimmung der Kirche. Diese Bestimmung erinnert die Kirche sowohl an ihren Auftrag als auch an ihre eigene Vorläufigkeit und ist folglich als »eschatologische Selbstrelativierung« zu verstehen. Damit sollte ein jahrhundertealter ekklesiologischer Triumphalismus, Klerikalismus und Juridismus als überwunden gelten. Die Kirche ist für die Menschen da und nicht umgekehrt, was

---

[16] Vgl. Hilari Raguer, Das früheste Gepräge der Versammlung, in: Giuseppe Alberigo (Hg.), Geschichte des Zweiten Vatikanischen Konzils, Bd. 2 (Das Konzil auf dem Weg zu sich selbst), Mainz/Leuven 2000, 203–272, 206.

[17] Vgl. Medard Kehl, Die Kirche. Eine katholische Ekklesiologie, Würzburg 1992, 368ff.; Walter Kasper, Katholische Kirche. Wesen – Wirklichkeit – Sendung, Freiburg 2011, 387ff.

voraussetzt, dass sich die Kirche für die Menschen interessiert und offen für all das ist, was in der Welt passiert, d. h. für die »Zeichen der Zeit« (GS 4), und darin Gottes Handeln entdeckt (GS 11). Die Eingangsworte der Pastoralkonstitution »Die Kirche in der Welt von heute« bringen dies deutlich zum Ausdruck: »Freude und Hoffnung, Trauer und Angst der Menschen von heute, besonders der Armen und Bedrängten aller Art, sind auch Freude und Hoffnung, Trauer und Angst der Jünger Christi. Und es gibt nichts wahrhaft Menschliches, das nicht in ihren Herzen seinen Widerhall fände.« (GS 1)

- Das Konzil hat die theologische Bedeutung der Ortskirchen neu herausgestellt und anerkannt; damit ist auch eine Neubesinnung auf die Kompetenz der Bischöfe verbunden, die in Kollegialität sowohl für ihre eigene Ortskirche als auch für die Weltkirche Verantwortung tragen (LG 23; 27). Das bedeutete, dass das Konzil den kirchlichen Zentralismus aufbrach und den Weg zu einer legitimen Pluralität eröffnet und zu eigenständigem pastoralen, liturgischen und theologischen Handeln und Denken frei gemacht hat, ein Weg, der zur Gestaltung dessen, was die Situation vor Ort erfordert, mutig zu gehen ist. Die konziliare Herausstellung der Bedeutung der Ortskirchen impliziert ja die Pflicht und das Recht, Gottes befreiendes Evangelium im jeweiligen Kontext *so* zur Sprache zu bringen, dass Menschen es verstehen und sich darauf einlassen können.

- Liturgie gilt als »Quelle und Höhepunkt des ganzen Tuns der Kirche« (SC 10). Wenn das zutrifft, dann ist Liturgie nicht ausschließlich Sache von Klerikern, sondern der ganzen Gemeinde, und insofern gehört Verständlichkeit zu den Grundvoraussetzungen einer »tätigen Teilnahme« (*actuosa participatio*). Dazu diente die Einführung der Muttersprache, welche nicht nur den Weg für eine den jeweiligen Kulturkreisen entsprechende Liturgie bahnte, sondern auch half, das zu begreifen, was zu verstehen schwer fällt, weil es anderer Herkunft ist. Sprache bedeutet eben beides: »Heimat« doch genauso »Heimatlosigkeit«. Wenn liturgische Texte verstanden werden sollen, dann können viele nicht mehr so bleiben und gesungen werden wie bisher, weil sie kaum mehr nachvollziehbar sind und einer uns fremden Frömmigkeit entstammen.

- Die Konzilsväter haben die unterschiedlichen Gaben der Völker, Brauchtum und Tradition, Weisheit und Wissen, Anlagen, Fähigkeiten und Sitten explizit anerkannt und erklärt: »Diese Eigenschaft der Weltweite, die das Gottesvolk auszeichnet, ist Gabe des Herrn selbst.« (LG 13; vgl. AG 22)

Daraus soll alles entlehnt werden, was dazu beiträgt, »das Christenleben recht zu gestalten« (AG 22) und »in jedem sozio-kulturellen Großraum (soll) die theologische Besinnung angespornt werden«. Damit hat das Konzil einen wichtigen Impuls zur Entwicklung von kontextuellen Theologien gesetzt, also von Theologien, die in ihrem Nachdenken über den christlichen Glauben solchen soziokulturellen Großräumen entspringen und den darin lebenden Menschen sich verpflichtet wissen.

## 3. Zur Rezeption der konziliaren Versammlung

Nach der Eröffnung des Konzils am 11. 10. 1962 begann am Ende desselben Monats sich eine Gruppe von Bischöfen und Theologen im Belgischen Kolleg zu treffen. Diese Gruppe kam auf Initiative des französischen Priesters Paul Gauthier zustande. Zu ihr gehörte von Beginn an auch Dom Helder Camara mit acht weiteren brasilianischen Bischöfen. Die Gruppe besaß keinen offiziellen Status; sie war jedoch getrieben von der Sorge über das Massenelend und suchte nach Auswegen aus Armut und Not. »Insgesamt beabsichtigte die Gruppe, den Bruch zwischen der Kirche und den Armen (nicht nur der Dritten Welt, sondern auch der industrialisierten westlichen Welt) zu überwinden; ein Bruch, von dem sie glaubten, er rühre daher, dass sich die Kirche auf ein Bündnis mit dem kapitalistischen System eingelassen hätte.«[18] Auch wenn die Gruppe immer am Rande des Konzilsgeschehens blieb und das von ihr Erhoffte nicht erreichte, so war sie von großer spiritueller und prophetischer Kraft. Diese äußerte sich im sogenannten Katakombenpakt.

Der von vierzig Bischöfen in der Domitilla-Katakombe am 16. 11. 1965 unterzeichnete *»Katakombenpakt der dienenden und armen Kirche«* war eine Selbstverpflichtung, die gerade in Lateinamerika von nachhaltiger Wirkung werden sollte.[19] Diese Kirche leistete in der konziliaren Rezeption Pionierarbeit. Vor allem ein Thema wurde hier wichtig, das Johannes XXIII. kurz vor der Eröffnung des Konzils ansprach, als er von einer »Kirche der Armen« redete. In der Rundfunkbotschaft vom 11.9.1962 bat Papa Roncalli alle Katholiken der Welt um ihr

---

[18] Giuseppe Alberigo, »Die Kirche der Armen«. Von Johannes XXIII. zum Zweiten Vatikanischen Konzil, in: Mariano Delgado/Odilo Noti u. a. (Hg.), Blutende Hoffnung. Gustavo Gutiérrez zu Ehren, Luzern 2000, 67–88, 75.

[19] Der Text findet sich unter der Überschrift »Die dreizehn Selbstverpflichtungen ungenannter Bischöfe auf dem Zweiten Vatikanischen Konzil« in: Concilium 13 (1977), 262f.

Gebet für das Gelingen des bevorstehenden Konzils, und dabei sagte er wörtlich: »Den unterentwickelten Ländern zeigt sich die Kirche so, wie sie ist und sein will, als die Kirche aller, besonders aber als die Kirche der Armen.«[20]

Die Unterzeichnung des Katakombenpaktes fand während der vierten Sitzungsperiode des Konzils statt. In dieselbe Zeit fiel in Rom die neunte Versammlung des CELAM, bei der ihr damaliger Vorsitzender, der Chilene Manuel Larrain, den Vorschlag unterbreitete, den bevorstehenden Eucharistischen Weltkongress in Bogotá als Gelegenheit zu nutzen, die lateinamerikanische Situation im Lichte des zu Ende gehenden Konzils zu betrachten. Die Bedeutung dieses Vorschlags ist vor dem Hintergrund zu sehen, dass »Lateinamerika auf das Zweite Vatikanische Konzil nicht vorbereitet (war), weder was die Breite der dort angesprochenen Probleme noch was seine pastoralen und dogmatischen Reformen angeht. Der größte Teil des lateinamerikanischen Katholizismus und des Klerus hatte die Entwicklung des christlichen Denkens in den letzten Jahrzehnten nicht genügend mit vollzogen. So war das Ergebnis des Konzils eine – wenn auch sicher angenehme und willkommene – Überraschung für die Gesamtheit dieser Kirchen«.[21] Durch den unerwarteten Tod von Larrain verzögert, wurde nach Konsultation und Zustimmung von Paul VI. bald mit der Vorbereitung der Konferenz begonnen, die 1968 in Medellín stattfand. Medellín – gelegentlich auch als »Geburtsstunde der lateinamerikanischen Kirche« bezeichnet – »markiert den Anfang eines kirchlichen Enthusiasmus«, von dem sich zahlreiche Christinnen und Christen auch bei uns anstecken ließen.[22]

Was die mit dem Konzil ausgelöste Erneuerung der katholischen Kirche und damit verbunden das erwachte Selbstbewusstsein der verschiedenen Ortskirchen bewirkten, lässt sich in verschiedenen Bereichen feststellen, von denen hier einige wenige genannt werden sollen:

- In der nachkonziliaren Zeit entstanden weltweit unzählige christliche Basisgemeinden, die keine einheitliche Prägung aufweisen, sondern sich kontinental und regional unterscheiden. Basisgemeinden sind der primäre Ort, an

---

[20] AAS 54 (1962), 682: »In faccia ai paesi sottosviluppati la Chiesa si presenta quale è, e vuol essere, come la Chiesa di tutti, e particolarmente la Chiesa dei poveri.«

[21] Segundo Galilea, Lateinamerika in den Konferenzen von Medellín und Puebla: Beispiel für eine selektive und kreative Rezeption des Konzils, in: Hermann-Josef Pottmeyer/Giuseppe Alberigo u. a. (Hg.), Die Rezeption des Zweiten Vatikanischen Konzils, Düsseldorf 1986, 85–103, 85.

[22] Luciano Mendes de Almeida, El pensamiento episcopal latinoamericano desde Rio a Santo Domingo (1955–1992), in: El Futuro de la Reflexión Teológica en América Latina, Consejo Episcopal Latinoamericano (Hg.), Bogotá 1996, 9–27, 23. Vgl. José Oscar Beozzo, Das kollektive Lehramt der Bischöfe Lateinamerikas und der Karibik, in: Concilium 45 (2009), 537–544.

dem der Glaube erfahren und gelebt wird. In ihnen finden Frauen und Männer zusammen, die meist auf der Schattenseite des Lebens stehen, um das wenige, das sie besitzen, geschwisterlich zu teilen und sich gegenseitig im alltäglichen Kampf um das Leben zu unterstützen. Damit wird Kirche »von unten« aufgebaut; es kommt zu einer neuen »Kirchewerdung«, bei der die Laien die Mitverantwortung für das, was Kirche ist und sein soll, übernehmen.

- Vor allem in den Kirchen des Südens haben sich neue Formen des Gemeindelebens herausgebildet, nämlich die *self ministering communities*. Damit ist eine Verlebendigung der Gemeinden durch die Entdeckung der verschiedenen Charismen, der Gemeindeaufbau ohne ordinierten Pfarrer gemeint. In den meisten Fällen werden sie auch von Laien und Laiinnen geleitet. Beispiele dafür sind die *Mokambis* (Demokratische Republik Kongo) oder die *Delegados/as de la palabra* (Lateinamerika). Basisgemeinden sind damit die eigentlichen Trägerinnen der Evangelisierung in einem Großteil der Regionen der Welt.

- Das gemeinsame Hören des Wortes Gottes, seine Interpretation in einem konkreten gesellschaftlichen Kontext und die Verwirklichung dieses Wortes haben dazu geführt, das *Evangelium* als das *Wort des Lebens* neu zu entdecken. Eine mit dieser Entwicklung verbundene Folgeerscheinung war der Abbau des Klerikalismus bzw. des klerikalen Autoritarismus. Dabei stellt sich allerdings immer drängender die Frage, wie viel eine Gemeinde aus sich selbst, ohne geweihten Amtsträger, leisten kann. Nicht allein die Sicherstellung der gemeindlichen Eucharistiefeier aufgrund eines permanenten Priestermangels verlangt nach alternativen pastoralen Lösungen (z. B. Gemeindeälteste, *viri probati*), sondern auch die Rolle des Priesters bedarf einer theologischen Neubesinnung.

- Die Liturgie-Reform brachte in den Gottesdienst anstelle des zuvor allgemein üblichen Lateins die jeweilige Muttersprache, und auch unterschiedliche kulturelle Elemente (z. B. Musik, Kleidung, Brauchtum) wurden – wenn auch noch zaghaft – aufgenommen. So bildete sich eine indische Liturgie heraus, für die der Tanz als Ausdruck religiöser Gefühle wichtig ist. Für Zaire wurde ein neuer Messritus entwickelt, in dem die Eröffnung (Anrufung der Heiligen und der Vorfahren) stark ausgebaut ist und die Bitte um Vergebung sowie der Friedensgruß den Abschluss des Wortgottesdienstes bilden. Die in Lateinamerika für die Schwarzen bzw. für die Indigenas entstandene *Missa de Quilombos* sowie die *Missa de tierra sin mal* wurden hingegen von Rom unter anderem mit dem Hinweis verboten, eine solche eucharistische Feier setze die römische Einheit des Ritus aufs Spiel.

Seit dem II. Vatikanischen Konzil ist die katholische Kirche unübersehbar und unumkehrbar auf dem Weg zur Weltkirche, und zwar nicht mehr wie seit dem Beginn der Neuzeit durch weitere Ausbreitung der europäischen Kultur über die ganze Welt, sondern durch Inkulturation des einen Evangeliums in unterschiedliche Kulturen. Damit wird die Kirche selbst pluraler. In aller Deutlichkeit zeichnet sich das Ende der eurozentrischen Epoche der Kirchen- und Theologiegeschichte ab. Institutionell wird die Notwendigkeit, das Evangelium in die verschiedenen soziokulturellen und religiösen Kontexte zu verkünden, schließlich in zahlreichen Bischofssynoden greifbar, die kontinental und regional fokussiert waren. Rechtlich haben diese Bischofssynoden allerdings nur den Status eines »Beratungsgremiums« und keine verbindliche Entscheidungskompetenz, weshalb ihre pastorale Bedeutung eher bescheiden einzustufen ist.

Der nachkonziliare Prozess kirchlicher Erneuerung hat dazu geführt, dass wir uns inzwischen nicht nur einer Vielzahl und Vielfalt christlicher Kirchen gegenüberfinden, von denen keine für sich in Anspruch nehmen kann, sie wäre die einzige Verwirklichung des Christentums oder die allein wahre Inkulturation christlicher Lehre, liturgischen Lebens oder von Frömmigkeit und Lebensstil. Auch das theologische Klima hat sich in den vergangenen Jahrzehnten verändert. Weltweit kamen kontextuelle Theologien auf, die sich von der jahrhundertelang dominanten europäischen Theologie distanzierten und ein eigenes Profil zu entwickeln begannen. Am bekanntesten wurde die lateinamerikanische Befreiungstheologie. Solche kontextuellen Theologien sind durch die drängenden pastoralen Herausforderungen charakterisiert, die sich aus den jeweiligen konkreten Situationen ergeben, in denen Christinnen und Christen leben. Die Verwirklichung von Weltkirche impliziert deshalb auch eine Dezentralisierung theologischen Denkens bzw. eine Relativierung Europas und seiner kirchlich-theologischen Ansprüche. Nicht zufällig haben sich außereuropäische Theologien oft als Befreiungstheologien artikuliert und viele von ihnen sich explizit auch als solche verstanden.

# 4. Nachhaltige Spannungen

Es liegt nahe, dass jene in der nachkonziliaren Zeit sichtbar gewordenen Strömungen innerhalb der Kirche auch das derzeitige Bild von Weltkirche bestimmen. Es gibt nicht nur überall Kräfte, welche in offensiver Treue zum Konzil sich von der Vision einer multikulturellen Weltkirche mit einer Vielfalt liturgischen Lebens, kirchlicher Ordnung und theologischer Reflexion bestimmen lassen und diese Vision in den kirchlichen Alltag umzusetzen suchen. Auch solche Kräfte sind weltweit am Werk, die mit Rekurs auf das Konzil Positionen zurückgewinnen wollen, welche als überwunden gelten sollten. Deren weltkirchliches Bild orientiert sich stark an ritueller, disziplinärer und lehrhafter Einheit, Einheit verstanden als Uniformität. Nach wie vor wird von der europäisch-abendländischen Tradition aus für alle Kirchen bestimmt, was in Lehre und Liturgie, Moral und Pastoral als »katholisch« zu gelten hat, sodass der Eindruck entsteht, »dass die Ekklesiologie in den Dienst einer zentralistischen Kirchenpolitik gestellt wird«.[23]

Auch wenn das vergangene Konzil die Stellung der Bischöfe und damit jene der Ortskirchen aufgewertet hat, erscheint die Kirche als römische, in der die Institution des Papstamtes dominant ist und der Lehr- und Jurisdiktionsprimat für jede Ortskirche spürbar praktiziert wird.[24] »In den letzten Jahren wächst auch die Zahl von Enzykliken und römischen Dokumenten sogar über Themen, die eine vorgeschaltete Instanz einer kollegialen Erörterung und Ausarbeitung erfordern würden, weil sie das Leben der Teilkirchen im Hinblick auf die Wahrnehmung ihrer pastoralen Verantwortung und das Leben der Ortskirchen im Hinblick auf die Verwirklichung der bischöflichen Kollegialität in tiefgreifender Weise betreffen.«[25] Die päpstlichen Nuntiaturen spielen eine nicht geringe Rolle, da sie gleichsam als verlängerter Arm päpstlicher Autorität und römischer Kurien agieren und die bischöfliche Kollegialität aushöhlen. Die ortskirchlichen Zuständigkeiten werden, wie beispielsweise die Bischofsernennungen der letzten Jahrzehnte und der Umgang mit pastoralen und theologischen Problemen zeigen, erheblich eingeschränkt. Die theologische und rechtliche Stellung von partiku-

---

[23] Martin Maier, Von der Westkirche zur Weltkirche, in: Stimmen der Zeit 124 (1999), 649f., 649.
[24] Vgl. John R. Quinn, Die Reform des Papsttums, Freiburg/Basel u. a. 2001.
[25] Oscar Beozzo, Die Zukunft der Teilkirchen, in: Concilium 35 (1999), 120–134, 127. Als Beispiele führt Beozzo die Instruktion zu einigen Fragen über die Mitarbeit der Laien am Dienst der Priester vom 15. 8. 1997, das Apostolische Schreiben über die theologische und rechtliche Natur der Bischofskonferenzen vom 31. 7. 1998 und die von der Kongregation für die Evangelisierung der Völker am 19. 3. 1997 herausgegebene Instruktion über die Diözesansynoden an.

larkirchlichen Zwischeninstanzen, wie sie nationale oder regionale Bischofskonferenzen, kontinentale Synoden darstellen, werden nicht auf- vielmehr abgewertet. Dabei könnten gerade solche Zwischeninstanzen, wie sie Bischofskonferenzen darstellen, nicht nur effektiver, sondern auch sachgerechter arbeiten, weil sie die Verhältnisse vor Ort besser zu beurteilen wissen als Instanzen in der Ferne. Dies würde allerdings die Überwindung eines »zentralistischen Kontrollwahns« verlangen.[26] Vor allem aber würde es bedeuten, das Subsidiaritätsprinzip innerhalb der Weltkirche endlich ernst zu nehmen und zu respektieren.[27]

Die »Verantwortung der Einzelkirchen für die universalkirchliche Einheit wird ungleich stärker eingefordert als die für ihre eigene, zeit- und ortsgerechte Identitätsfindung; darüber hinaus ist Rom in der Lage, sein Verständnis von Glaube und Kirche, von Theologie und Moral, von Pastoral und Disziplin in der ganzen Kirche durchzusetzen, ohne dass dabei gute regionale Eigenentwicklungen gebührend berücksichtigt würden«.[28] Diese Entwicklung ist nicht ungefährlich, denn »in dem Maße, als regionale oder lokale Kirchen ein eigenes Selbstbewusstsein und damit verbundene Aktivitäten entfalten, dürfte deren (zentralistische) Reglementierung ohne nähere Kenntnis der lokalen Umstände zunehmend demotivierend wirken«.[29] Wenn daher Weltkirche nicht bloß ein theologisches Desiderat bleiben soll, dann müssen die einzelnen Ortskirchen mehr Mitsprache und Mitgestaltungsmöglichkeiten erhalten und diese sind von ihnen auch zu nutzen. Zu fordern ist deshalb eine neue Ordnung der *ekklesialen Struktur*, in der sich die Kirche bis in ihre rechtliche Verfassung als *Welt*kirche abbilden würde. Das verlangt mehr synodale Strukturen auf allen Ebenen der Kirche. Kurz: Soll Kirche wirklich *Welt*kirche werden, wie das vom II. Vatikanischen Konzil intendiert war, dann sind aus ihrer konziliaren Selbstbesinnung »die notwendigen Konsequenzen mit einer paulinischen Kühnheit« zu ziehen, um den »Sinn, den das II. Vatikanum gehabt hat«, nicht zu verraten.[30]

---

[26] Vgl. Franz-Xaver Kaufmann, Viele Wege des Volkes Gottes, in: Ders., Kirche in der ambivalenten Moderne, 294–318, 306.

[27] Vgl. Jürgen Werbick, Subsidiarität, Partizipation, Solidarität: hilfreiche und normative Prinzipien für die Gestaltung des Verhältnisses zwischen Ortskirchen und Weltkirche?, in: Ders./Ferdinand Schumacher (Hg.), Weltkirche – Ortskirche. Fruchtbare Spannung oder belastender Konflikt?, Münster 2006, 41–61.

[28] Kehl, Die Kirche, 217.

[29] Franz-Xaver Kaufmann, Römischer Zentralismus: Entstehung – Erfolg – Gefahren, in: Ders., Kirche in der ambivalenten Moderne, 194–215, 208f.

[30] Rahner, Theologische Grundinterpretation des II. Vatikanischen Konzils, 298.

# Anhang:

Treffen der Gruppe der »Kleinen Bischöfe« am 16.11.1965 in den Katakomben der Domitilla:

»Wir auf dem Zweiten Vatikanischen Konzil versammelten Bischöfe sind uns bewusst, dass wir die evangelische Armut nur mangelhaft leben. Wir möchten die einen und die anderen zu einem Weg ermutigen, auf dem jeder von uns die Vereinzelung und die Überheblichkeit vermeiden sollte. Verbunden mit allen unseren Brüdern im Bischofsamt, vertrauen wir vor allem auf die Kraft und die Gnade unseren Herrn Jesus Christus und auf das Gebet der Gläubigen und der Priester unserer jeweiligen Diözesen. Im Angesicht der Ewigkeit, vor der Kirche Christi und den Priestern und Gläubigen unserer Diözesen, verpflichten wir uns im Bewusstsein unserer Schwachheit, aber auch mit aller Entschiedenheit und Kraft, zu der Gott uns die Gnade geben will, zu folgendem:

– Wir suchen im Bezug auf Kleidung, Ernährung, Transportmitteln und allem, was damit zu tun hat, dem gewöhnlichen Stil unserer Bevölkerung entsprechend zu leben (vgl. Mt 5,3; 6,33; 8,20).

– Wir verzichten für immer auf Reichtum in unserem Auftreten und in unserem Alltag, besonders in der Kleidung (kostbare Stoffe, prunkvolle Farben …) und bei den Insignien auf wertvolle Materialien. Diese Zeichen müssen dem Evangelium gemäß sein (vgl. Mk 6,9; Mt 10,9–10; Apg 3,6).

– Wir werden weder Immobilien noch bewegliche Güter noch laufende Bankkonten auf unseren eigenen Namen und dergleichen besitzen. Falls wir etwas besitzen müssen, werden wir alles auf den Namen der Diözese oder sozialer bzw. karitativer Einrichtungen laufen lassen (vgl. Mt 6,19.21; Lk 12,33–34).

– Jedes Mal, wenn es möglich ist, werden wir in unseren Diözesen die Finanzverwaltung einem Gremium von kompetenten und ihrer apostolischen Verantwortung bewussten Laien anvertrauen, um immer weniger Verwalter und immer mehr Hirten und Apostel zu sein (vgl. Mt 10,8; Lk 12,33–34).

– Wir wünschen weder mündlich noch schriftlich mit Namen oder Titeln angeredet zu werden, die Größe und Macht ausdrücken (Eminenz, Exzellenz, Monsignore). Wir würden es vorziehen, mit dem evangeliumsgemäßen Namen »Vater« angesprochen zu werden.

– Wir werden in unserem Verhalten und in den sozialen Beziehungen alles vermeiden, was Reichen und Mächtigen irgendwelche Privilegien, Vorrang oder Vorzüge zuzuerkennen scheint (z. B. angebotene oder angenommene Einladungen zum Essen, unterschiedliche Rangordnungen im Kult – vgl. Lk 13,12.14; 1 Kor 9,14.19).

– Wir werden es vermeiden, bei wem auch immer, den Geltungsdrang zu erwecken oder diesem zu schmeicheln, sei es um Geschenke zu vergelten oder zu fordern oder aus irgendeinem anderen Grund. Wir werden unsere Gläubigen dazu einladen, ihre Geschenke als normale Beteiligung am Kult, am Apostolat oder der sozialen Aktion zu betrachten (vgl. Mt 6,2.4; Lk 15,9.13; 2 Kor 12,14).

– Wir werden so viel wie nötig von unserer Zeit, unserer Reflexion, von unserem Herzen, unseren Mitteln usw. dem apostolischen und pastoralen Dienst an den Personen oder Gruppen von Arbeitern, den wirtschaftlich Schwachen und Unterentwickelten widmen – jedoch ohne dass dies den anderen Personen oder Gruppen der Diözese schadet. Wir werden die Laien, Ordensleute, Diakone und Priester unterstützen, die der Herr dazu beruft, die Arbeiter und Armen zu evangelisieren, indem sie am Leben der Arbeiter und an der Arbeit teilnehmen (vgl. Lk 4,18; Mk 6,4; Mt 11,45; Apg 18,3.4; 20, 33.35; 1 Kor 4,12: 9,1.27).

– Im Bewusstsein der Erfordernisse der Gerechtigkeit, der Liebe und deren wechselseitigen Beziehungen, werden wir die Werke der Mildtätigkeit in soziale, auf die Gerechtigkeit und die Liebe gegründete Werke zu verwandeln suchen, die alle Menschen und alle ihre Bedürfnisse berücksichtigen sollen (vgl. Mt 25,31.46; Lk 13,12.14.33–34).

– Wir werden alles tun, dass die Verantwortlichen unserer Regierungen und unserer öffentlichen Verwaltung und Gerichtsbarkeit, Strukturen und soziale Einrichtungen beschließen und realisieren, die für die Gerechtigkeit, die Gleichheit und die organisierte und vollkommene Entwicklung jedes Menschen notwendig sind – und damit auch notwendig für die Verwirklichung einer neuen sozialen Ordnung, die den Kindern der Menschen und den Kindern Gottes würdig ist (vgl. Apg 2,44–45; 4,32.33.35; 2 Kor 8–9; 1 Tim 5,16).

– Die Kollegialität der Bischöfe wird am besten dem Evangelium gemäß verwirklicht, indem wir gemeinsam Verantwortung gegenüber den Menschen übernehmen, die sich im physischen, kulturellen und moralischen Elend befinden – also gegenüber von zwei Dritteln der Menschheit. Wir verpflichten uns, je nach unseren Mitteln einen Beitrag zu leisten zu den dringenden Investitionen der Bischofskonferenzen der armen Länder. Auf der Ebene internationaler Organisationen wollen wir als ein Zeugnis des Evangeliums, wie Papst Paul VI. vor der UNO, gemeinsam zur Schaffung ökonomischer und kultureller Strukturen bei-

tragen, die nicht mehr zu immer mehr Armut in einer immer reicheren Welt führen, sondern die es vielmehr den Menschen erlauben, ihr Elend zu verlassen.
– Wir verpflichten uns in der pastoralen Linie unser Leben mit dem unserer Geschwister in Christus, den Priestern, Ordensleuten und Laien zu vereinen, damit unser Amt ein wahrer Dienst sei. Deshalb werden wir uns bemühen, gemeinsam mit ihnen unser Leben zu überprüfen (d. h. gemeinsam eine »révision de vie« zu machen). Wir werden unsere Mitarbeiter ermutigen, immer mehr Animatoren gemäß dem Geist und weniger im Sinne der Welt zu sein. Wir werden danach streben, auch menschlich immer präsenter und einladender zu sein, und wir werden uns allen gegenüber, egal welcher Religionszugehörigkeit, offen zeigen (vgl. Mk 8,34–35; Apg 6,1.7; 1 Tim 3,8.10).
– Nach der Rückkehr in unsere Diözesen werden wir diesen unseren Beschluss den Mitgliedern unserer Diözese bekannt geben und sie bitten, uns mit ihrem Verständnis, ihrer Hilfe und ihren Gebeten zur Seite zu stehen. Gott helfe uns, treu zu sein.«

(Prof. Dr. Giancarlo Collet ist emeritierter Professor für Missionswissenschaft an der Universität Münster)

## ABSTRACT

1962–65, the Second Vatican Council was held in Rome. It is considered the most important ecclesio-political event of the 20th century within the Catholic Church. The article first illustrates the preparation of the Council from a southern perspective and then, by means of some central theological statements, explains how the breakthrough towards a universal Church came to be. Especially the Latin American Church succeeded in adopting and pastorally implementing the »conciliar spirit«, directly after the Council. The diversification of the Catholic Church, however, which was initiated and facilitated by the Council, has been restricted by centralistic (Roman) activities throughout the last decades. These sanctions jeopardise the attainment of a truly universal Church.

# Jesu »Missionsbefehl« und wir

## Neue Wege bei der Aktualisierung von Mt 28,19–20a*

*Ruth Schäfer*

## Zum Thema

Mt 28,16–20 ist wirkungsgeschichtlich ab dem 16. Jahrhundert und besonders im 19. Jahrhundert bedeutsam geworden. In der Alten Kirche[1] und bis ins Hohe Mittelalter hinein wurde Mt 28,16–20 gewöhnlich *historisch* auf die apostolische Wirksamkeit der Zwölf bezogen, im Mittelalter teils unter Einschluss der in apostolischer Sukzession stehenden Amtsträger. Diese Eingrenzung wurde erst im 16. Jahrhundert von den Täufern und einzelnen anderen Reformern überwunden.[2] Allerdings konnte der Text noch immer keine Grundlage für die kirchliche Mission insgesamt werden. Entscheidender Anstoß hierfür wurde erst William Careys »An Enquiry into the Obligations of Christians to Use Means for the Conversion of Heathens« von 1792. Am Ende des 19. Jahrhunderts sind zentrale

---

* Dieser Artikel stellt das Resultat einer mehrfachen Überarbeitung eines Vortrags zu Mt 28,16–20 dar, den ich zu verschiedenen Gelegenheiten in Indonesien und Deutschland gehalten habe. Eine indonesische erste Fassung wurde am 3.4.2007 in Palangka Raya vorgestellt zum Thema »Pekabaran Injil di dalam Masyarakat Majemuk« (»Evangeliumsverkündigung in einer pluralistischen Gesellschaft«)

[1] Siehe W. H. C. Frend, Der Verlauf der Mission in der Alten Kirche bis zum 7. Jahrhundert, in: Heinzgünter Frohnes/Uwe W. Knorr (Hg.), Kirchengeschichte als Missionsgeschichte I: Die Alte Kirche, München 1974, 32–50, hier: 34; Einar Molland, Besaß die Alte Kirche ein Missionsprogramm und bewusste Missionsmethoden?, in: a. a. O. 51–67, hier: 62f.; Norbert Brox, Zur christlichen Mission in der Spätantike, in: Karl Kertelge (Hg.), Mission im Neuen Testament, Freiburg/Basel u. a. 1982, 190–237, hier: 194–200 [Ebd. 200–205 weist er auf die beachtliche Ausnahme des Augustinus hin.]; Oskar Skarsaune, The Mission to the Jews – a Closed Chapter? Some Patristic Reflections concerning »the Great Commission«, in: Jostein Ådna/Hans Kvalbein (Hg.), The Mission of the Early Church to Jews and Gentiles, Tübingen 2000, 69–83, hier: 72–77.

[2] Siehe Franklin H. Littell, Das Selbstverständnis der Täufer, Kassel 1966, 159–171; Wolfgang Schäufele, Das missionarische Bewußtsein und Wirken der Täufer. Dargestellt nach oberdeutschen Quellen, Neukirchen-Vluyn 1966, 76–78, 91, 98; Elsa Bernhofer-Pippert, Täuferische Denkweisen und Lebensformen im Spiegel oberdeutscher Täuferverhöre, Münster 1967, 82.

Stellung und Bedeutung der Perikope für die Begründung der protestantischen Mission bei Gustav Warneck schon fraglos.[3] Seither ist Mt 28,16–20 auslegungsgeschichtlich so stark und in so vielen Aspekten diskutiert worden, dass ich mich in dieser Untersuchung beschränken muss und darf. Ich werde auf wenige Punkte hinweisen, die mir persönlich für eine Aktualisierung des Schrifttexts wichtig zu sein scheinen und die ich für wissenschaftlich begründbar halte.

## Zur Struktur

Meine Überlegungen werden im Wesentlichen um die Auslegung eines einzigen Halbsatzes kreisen, Vers 19a: πορευθέντες οὖν μαθητεύσατε πάντα τὰ ἔθνη, in der revidierten Lutherübersetzung: »Darum gehet hin und machet zu Jüngern alle Völker.« Jedes einzelne Wort dieses Textes soll unsere Aufmerksamkeit erhalten. So werde ich in vier Schritten vorgehen:

1) Das μαθητεύσατε (»machet zu Jüngern«): die sprachliche Struktur von Mt 28,19–20a.
2) Das πορευθέντες (»gehet hin«): ein Übersetzungsproblem von Mt 28,19–20a.
3) Das οὖν (»darum«): der Missionsbefehl in seinem direkten literarischen Kontext.
4) Die πάντα τὰ ἔθνη (»alle Völker«): der Missionsbefehl im Kontext des Evangeliums.

Jede der folgenden Überlegungen ist also grundsätzlich textbasiert; sie nimmt ihren Ausgang je von einer konkreten philologischen Beobachtung am Text und zieht dann eine Linie zu unserem heutigen theologischen Selbstverständnis. Im wichtigen vierten Teil findet sich zudem ein längerer und origineller Exkurs zu den Abfassungsvoraussetzungen des Matthäusevangeliums.

Auf die folgende Sprachregelung möchte ich schließlich noch hinweisen: Jesu »Missionsbefehl« im engeren Sinne, das ist der *Satz* Mt 28,19–20a. Dieser Satz bildet die Mitte eines in direkter Rede dargebotenen *Wortes des Auferstandenen*:

---

[3] Siehe etwa Gustav Warneck, Evangelische Missionslehre. Ein missionstheoretischer Versuch, Bd. 3,1: Der Betrieb der Sendung, Gotha 1902², 176–178, 211ff., 243ff. Zu diesem Abschnitt siehe Peter O'Brien, The Great Commission of Matthew 28:18–20. A Missionary Mandate or Not?, in: RTR 35 (1976), 66–78, hier: 66f.; Ulrich Luz, Das Evangelium nach Matthäus (Mt 26–28), Düsseldorf u. a./Neukirchen-Vluyn 2002, 444–446.

Mt 28,18b-20. Dieses Wort wiederum bildet den Schlussteil der *Perikope* Mt 28,16–20.[4]

## Das μαθητεύσατε (»machet zu Jüngern«): Die sprachliche Struktur von Mt 28,19–20a

Die Lutherbibel (wie die meisten Übersetzungen) ordnet in ihrer sprachlichen Form alle Verbformen bei, d. h. »gehet hin«, »machet zu Jüngern«, »taufet sie« und »lehret« stehen sozusagen als Befehle je auf derselben Stufe. Hingegen steht im griechischen Text nur *ein* Imperativ, eben das μαθητεύσατε (»machet zu Jüngern«), während die drei anderen Formen Partizipien sind (πορευθέντες, βαπτίζοντες, διδάσκοντες). Aufgrund dieser ersten sprachlichen Beobachtung lässt sich das jahrhundertealte Verständnis eines sozusagen mehrstufigen Katechumenatsprozesses im Hintergrund des Textes direkt als Fehldeutung[5] zurückweisen: Es geht nicht darum, Menschen in einem ersten Schritt zu Jüngern zu machen, sie dann zu taufen und schließlich noch weiter zu belehren, sondern ganz und gar darum, Menschen *zu Jüngern zu machen.*[6] Teil dieses Ansinnens sind dann auch Taufe und Belehrung.[7]

---

[4] »Matthew 28.16–20 divides naturally between narrative preamble (vv. 16–18a) and Jesus' discourse (vv. 18b-20)«, so David D. Kupp, Matthew's Emmanuel. Divine Presence and God's People in the First Gospel, Cambridge 1996, 203. Auf die Diskussion, ob Mt 28,16–20 auf Quellengrundlage verfasst ist oder nicht, sowie auf die Gattungsfrage, kann hier nicht eingegangen werden. Nächste Parallelen im Neuen Testament sind Joh. 20,19–23; Lk. 24,36–49 und Mk 16,14–18.

[5] Siehe Robert D. Culver, What Is the Church's Commission? Some Exegetical Issues in Matthew 28:16–20, in: BS 125 (1968), 239–253, hier: 242–244; Luz, Mt, 443; Douglas R. A. Hare, Matthew (Interpretation), Louisville 1993, 334.

[6] »Der Missionsbefehl aber hat darin seine Besonderheit, dass er rein dem Gedanken des Jüngertums hingegeben ist«, so Ernst Lohmeyer, »Mir ist gegeben alle Gewalt!« Eine Exegese von Mt 28, 16–20, in: Werner Schmauch (Hg.), In Memoriam Ernst Lohmeyer, Stuttgart 1951, 22–49, hier: 40; siehe auch D. Edmond Hiebert, An Expository Study of Matthew 28:16–20, in: BS 149 (1992), 338–354, hier: 348.

[7] »Grammatically, two parallel expressions, baptizing and teaching, describe how this making of disciples is to happen. Both have as object no longer the neutral ›all nations‹, but the masculine ›them‹ (αὐτούς) which indicates that the way is to address individuals«, so Jacques Matthey, The Great Commission According to Matthew, in: IntRMiss 69 (1980), 161–173, hier: 168; siehe des Weiteren Günther Baumbach, Die Mission im Matthäus-Evangelium, in: ThLZ 92 (1967), 889–893, hier: 891. Sollte der Reihenfolge dieser beiden Partizipien doch eine Bedeutung zugeschrieben werden dürfen, ist die Deutung von R. T. France, The Gospel of Matthew, Grand Rapids 2007, 1116, sehr sympathisch: »baptism is the point of enrollment into a process of learning which is never complete.« Hans Schieber, Konzentrik im Matthäusschluß, in: Kairos 19 (1977), 286–307, hier: 301f., 305–307; und David Hill, The Conclusion of Matthew's Gospel. Some Literary-Critical Obervations, in: IBS 8 (1986), 54–63, hier: 59, halten jedenfalls die Taufanweisung fälschlich für das Zentrum des Wortes Jesu Mt 28,18b-20.

Luther hatte in seiner Deutschen Bibel nicht zwischen den beiden Begriffen μαθητεύω (»zu Jüngern machen«) und διδάσκω (»lehren«) unterschieden und sie zweimal identisch mit »le[h]ret« wiedergegeben.[8] In ähnlicher Weise hatte zuvor schon die Vulgata übersetzt: »euntes ergo *docete* omnes gentes … *docentes* eos servare omnia quaecumque mandavi vobis.« An Belegstellen für den Bedeutungsumfang von μαθητεύω sind im Neuen Testament noch Mt 13,52 (μαθητευθεὶς τῇ βασιλείᾳ τῶν οὐρανῶν), Mt 27,57 (ὃς καὶ αὐτὸς ἐμαθητεύθη τῷ Ἰησοῦ) und Apg. 14,21 (μαθητεύσαντες ἱκανούς) zu vergleichen.[9] Gerade die transitive Verwendung des Verbs ist spezifisch neutestamentlich.[10] Die ungewohnte Übersetzung des Begriffs etwa im Münchener Neuen Testament durch das gewöhnlichere »macht zu Schülern« lässt gut deutlich werden, worum es eigentlich geht, nämlich Lernende, also sich Verändernde, Wachsende, zu werden und nicht immer schon statisch »Wissende« zu sein: »A disciple is not simply one who has been taught but one who continues to learn.«[11] Die übliche Übersetzung »macht zu Jüngern« lässt durch die technische Verwendung des theologischen Jüngerbegriffs hingegen deutlich werden, dass die zu »missionierenden« Menschen primär in ein Lernverhältnis *zu Christus*[12] gebracht werden sollen.[13]

Jesu Jüngerin oder Jünger zu werden, lässt sich dabei vielleicht eher im Bild einer dualen Lehre denn als nur akademisches Studium verstehen.[14] Es geht nämlich in diesem Lernprozess wie in einem guten handwerklichen Lehrverhältnis

---

[8]  WA (Deutsche Bibel) 6,133; siehe auch Warneck, Missionslehre, 212.
[9]  »This is a particularly Matthean word, keyed to a concept Matthew has spent his whole gospel defining«, so George T. Montague, Companion God. A Cross-cultural Commentary on the Gospel of Matthew, New York 1989, 327. Zur Bedeutung des Ausdrucks siehe Joachim Lange, Das Erscheinen des Auferstandenen im Evangelium nach Matthäus. Eine traditions- und redaktionsgeschichtliche Untersuchung zu Mt 28, 16–20, Würzburg 1973, 308–310; Hubert Frankemölle, Jahwebund und Kirche Christi. Studien zur Form- und Traditionsgeschichte des »Evangeliums« nach Matthäus, Münster 1974, 144–146; Oscar S. Brooks, Matthew xxviii 16–20 and the Design of the First Gospel, in: JSNT 10 (1981), 2–18, hier: 4.
[10]  Siehe Karl Heinrich Rengstorf, μανθάνω …, in: ThWNT IV (1942), 392–465, hier: 465.
[11]  Robert H. Mounce, Matthew, Peabody 1991, 268. »Ein Jesusjünger kann … nie als ›ausgelernt‹ aus dem Jüngerverhältnis austreten und eine eigene Schule gründen«, so Poul Nepper-Christensen, μαθητής …, in: EWNT II (1981), 915–921, hier: 920; ähnlich zuvor schon Cleon Rogers, The Great Commission, in: BS 130 (1973), 258–267, hier: 266.
[12]  Siehe Lohmeyer, Gewalt, 29; Leon Morris, The Gospel According to Matthew (The Pillar New Testament Commentary), Grand Rapids/Leicester 1992, 746.
[13]  »Selbst der fälschlich so genannte ›Missionsbefehl‹ Mt 28,19, der für eine Art Militarisierung der Missionspraxis herhalten musste, sagt nicht: ›Geht hin und gründet Kirchen‹, sondern: ›Geht hin und macht zu Jüngern‹«, so Werner Ustorf, in: Ders./Dietrich Ritschl (Hg.), Ökumenische Theologie – Missionswissenschaft, Stuttgart/Berlin u. a. 1994, 136.
[14]  Siehe Hans Kvalbein, Go Therefore and Make Disciples … The Concept of Discipleship in the New Testament, in: Themelios 13 (1988), 48–53, hier: 49.

um Verstehen *und einübendes Tun*[15] in der Nachfolge. Gerade das Matthäusevangelium betont immer wieder die Bedeutung der praktischen Gerechtigkeit. Mt 28,20a verweist diesbezüglich auf das gesamte Evangelium zurück: »lehrend sie, alles zu bewahren/zu halten (τηρεῖν), wie viel ich euch geboten habe.« Viel nachdrücklicher als etwa die Paulusbriefe bindet das Matthäusevangelium das Leben der Jünger immer wieder zurück an die in ihm überlieferten Worte Jesu als Richtschnur.[16] Insbesondere ist hier wohl an die Bergpredigt Mt 5–7 zu denken (siehe Mt 5,2.19; 7,28f).[17] Der Missionsbefehl wie die Bergpredigt sind beide auf einem »Berg« gesprochen; Vers 16: εἰς τὸ ὄρος stimmt wörtlich überein mit Mt 5,1, wo zudem zum ersten Mal im Matthäusevangelium der Begriff »Jünger« (οἱ μαθηταί) fällt. Die Bergpredigt stellt Jesu erste programmatische Rede im Matthäusevangelium dar; das Wort des Auferstandenen in Mt 28,18b-20 ist sein abschließendes letztes Wort. Gerade auch der Schlussteil der Bergpredigt betont mehrmals die Wichtigkeit des Tuns der Worte Jesu (siehe Mt 7,16–20.21.24–27).

## Das πορευθέντες (»gehet hin«): Ein Übersetzungsproblem von Mt 28,19–20a

Die wörtliche Übersetzung von Mt 28,19a lautet nach dem schon Gesagten »darum *gehend* [noch besser ‚gegangen‘], machet zu Jüngern alle Völker«. Wegen seiner vorgezogenen Stellung kann das Aoristpartizip πορευθέντες nicht einfach explikativ wie die nachfolgenden präsentischen Partizipien βαπτίζοντες und διδάσκοντες verstanden werden. Seit dem 19. Jahrhundert wurde auf dieses »Gehen« häufig ein maximaler Nachdruck gelegt, was bis heute in folgender assoziierter Ergänzung nachklingt: »Darum gehet hin [nämlich weit weg in ferne Län-

---

[15] Siehe Mortimer Arias, Church in the World. Rethinking the Great Commission, in: TT 47 (1991), 410–418, hier: 412–414; Robert Harry Smith, Matthew 28:16–20. Anticlimax or Key to the Gospel?, in: SBLSP 32 (1993), 589–603, hier: 600, 603; Russell Pregeant, Matthew (Chalice Commentaries for Today), St. Louis 2004, 187; David L. Turner, Matthew, Grand Rapids 2008, 690.

[16] Siehe Günther Bornkamm, Der Auferstandene und der Irdische. Mt 28,16–20, in: Erich Dinkler (Hg.), Zeit und Geschichte (FS Rudolf Bultmann), Tübingen 1964, 171–191, hier: 186f.; Ulrich Luz, Die Jünger im Matthäusevangelium, in: ZNW 62 (1971), 141–171, hier: 151, 158; David Hill, The Gospel of Matthew (New Century Bible), London 1972, 361; Georg Künzel, Studien zum Gemeindeverständnis des Matthäus-Evangeliums, Stuttgart 1978, 107, 111; Frederick Dale Bruner, Matthew. A Commentary, Vol. 2: The Churchbook. Matthew 13–28, Revised and Expanded Edition, Grand Rapids/Cambridge 2004 (1990), 827.

[17] Siehe Herman Hendrickx, The Resurrection Narratives of the Synoptic Gospels, London 1984 (1978), 60; Axel von Dobbeler, Die Restitution Israels und die Bekehrung der Heiden. Das Verhältnis von Mt 10,5b.6 und Mt 28,18–20 unter dem Aspekt der Komplementarität, in: ZNW 91 (2000), 18–44, hier: 37; John Nolland, The Gospel of Matthew, Grand Rapids/Bletchley 2005, 1270.

der und auf andere Kontinente] und machet zu Jüngern alle Völker.« Es sind natürlich sehr viel harmlosere Verständnisse des Partizips möglich[18], zum Beispiel: »Darum geht [nun los (also mehr im Sinne eines Nachdruck verleihenden ›auf!‹)] und machet zu Jüngern alle Völker« oder gar: »Darum, wenn Ihr [(sowieso) irgendwohin] geht/während Ihr geht[19], machet zu Jüngern alle Völker.« Die erste Variante ist die wahrscheinlichere: »The attendant circumstance participle has something of an *ingressive* force to it. That is, it is often used to introduce a new action or a shift in the narrative.«[20] Paul Gaechter hat insofern mit seinem Vorschlag, das Partizip nicht wörtlich zu übersetzen (»so macht denn alle Völker zu meinen Schülern«[21]), durchaus Richtiges getroffen. Allerdings verleiht dieser konkrete Übersetzungsvorschlag dem von ihm selbst erkannten »Affekt des Drängens«[22] nur ungenügend Ausdruck. So bleibe ich bei der Formulierung: »Darum auf, machet zu Jüngern alle Völker.«

Diese in Anbetracht der Wirkungsgeschichte des Verses sehr zurückhaltende Übersetzung wird von verwandten Formulierungen im Matthäusevangelium gestützt: Die Kombination einer Nominativform des Partizips Aorist πορευθείς mit einem Imperativ Aorist[23] in Mt 2,8 etwa bezeichnet nur den Aufbruch der Magier von Jerusalem in das nahe gelegene Betlehem. In Mt 11,4 geht es um die Rücksendung der Jünger des Johannes durch Jesus zu jenem ins Gefängnis. Mt 17,27 bezieht sich gar nur auf den Weg des Petrus zum nahen Seeufer in Kafarnaum und Mt 28,7 auf den Weg der beiden Marien vom leeren Grab zu den anderen Jüngern in Jerusalem. Die Verwendung des Partizips in Mt 9,13 drückt überhaupt

---

[18] »The emphasis in the passage is not on ›going‹ at all«, so Terence L. Donaldson, Jesus on the Mountain. A Study in Matthean Theology, Sheffield 1985, 184. »The preceding participle simply serves to reinforce the action of the main verb«, so Bruce J. Malina, The Literary Structure and Form of Matt. XXVIII.16–20, in: NTS 17 (1970), 87–103, hier: 90; David J. Bosch, The Structure of Mission. An Exposition of Mt 28:16–20, in: Wilbert R. Shenk (Hg.), Exploring Church Growth, Grand Rapids 1983, 218–248, hier: 229f.

[19] »As ye go, (therefore, and wherever you may be) …«, so Culver, Commission, 245, 251f. »You need not go somewhere else to operate on the great commission program!« (ebd. 252). Gegen solch ein Verständnis wenden sich mit Recht Rogers, Commission, 259–262, 266; und Craig S. Keener, A Commentary on the Gospel of Matthew, Grand Rapids/Cambridge 1999, 718. Culvers Idee wurde neuerdings wieder aufgenommen von Theo Sundermeier, Matthäus 28 und die Frage nach dem Sinn der Mission, in: US 57 (2002), 98–102, hier: 101, der überträgt: »Wenn ihr nun unterwegs seid …«, gemeint ist, etwa als Händler.

[20] Daniel B. Wallace, Greek Grammar. Beyond the Basics. An Exegetical Syntax of the New Testament, Grand Rapids 1996, 642.

[21] Paul Gaechter, Das Matthäus-Evangelium, Innsbruck/Wien u. a. 1963, 965.

[22] Ebd.

[23] Zur Verwendung mit anderen Verbformen siehe Mt 18,12; 21,6f; 22,15; 25,16; 27,66, bei anderen neutestamentlichen Autoren Lk 7,22; 13,32; 14,10; 17,14; 22,8; Mk 16,15.

nur eine Ermunterung aus: »Geht aber hin und lernt, was das ist ›Erbarmen will ich und nicht ein Opfer‹ ...«.[24] Der Gedanke, in die gesamte bekannte Welt hinauszuziehen, hängt jedenfalls stärker an dem Ausdruck »alle Völker« als an dem Partizip »gehend«.[25] »Gehend« ist kein matthäischer Missionsterminus.[26]

## Das οὖν (»darum«): Der Missionsbefehl in seinem direkten literarischen Kontext

Dem Missionsbefehl direkt voraus geht Vers 18b die Proklamation der Vollmacht Jesu »im Himmel und auf Erden«. Die Partikel οὖν (»darum«, »nun«) schafft eine logische Verbindung zwischen beiden Sätzen. Die Aussendung der Jünger zu den Völkern muss *als eine Konsequenz von Jesu Machtproklamation* verstanden werden.[27] Vor diesem Hintergrund ist es natürlich leicht, ein militantes Missionsverständnis zu gewinnen. Schauen wir aber einmal genauer hin. Die Formulierung in Vers 18b lautet: »Mir ist *gegeben* alle Gewalt« (Luther), wohl auch eine Anspielung auf das Wort von der Herrschaftsübergabe an einen wie ein Menschensohn in Dan. 7,14.[28] In der Septuaginta-Fassung lautet der Anfang des

---

[24] Jedenfalls ist aber ein engagierter Aufbruch gemeint, was kaum in Übereinstimmung gebracht werden kann mit der Tradition von der Völkerwallfahrt zum Zion; gegen Donaldson, Jesus, 180–188, 197–202; und (vorsichtiger) Dobbeler, Restitution, 38f.

[25] Vgl. Benjamin J. Hubbard, The Matthean Redaction of a Primitive Apostolic Commissioning. An Exegesis of Matthew 28:16–20, Missoula 1974, 83 Fußnote 1; Donald A. Hagner, Matthew 14–28 (Word Biblical Commentary 33B), Dallas 1995, 886. Malina, Structure, 90, hatte sich vor diesem Hintergrund gar grundsätzlich gegen eine Bezeichnung von Mt 28,16–20 als ›Missionsauftrag‹ oder ›Sendungsbefehl‹ ausgesprochen; vorsichtiger in der Formulierung, aber die Bedenken teilend: Ben Witherington, Matthew (Smyth & Helwys Bible Commentary), Macon 2006, 534.

[26] Gegen Jean Zumstein, La condition du Croyant dans L'Évangile selon Matthieu, Diss., Fribourg 1977, 99; Matthey, Commission, 167.

[27] Vgl. Heinrich Kasting, Die Anfänge der urchristlichen Mission. Eine historische Untersuchung, München 1969, 135; Franz Mussner, Biblische Theologie des Tauf- und Missionsbefehls in Mt 28.18–20, in: Ernst Chr. Suttner (Hg.), Taufe und Firmung, Regensburg 1971, 179–190, hier: 182; John E. Alsup, The Post-Resurrection Appearance Stories of the Gospel Tradition. A history-of-tradition analysis. With Text-Synopsis, Stuttgart 1975, 177, 179; Alexander Sand, Das Evangelium nach Matthäus, Regensburg 1986, 596; Pheme Perkins, Matthew 28:16–20: Resurrection, Ecclesiology, and Mission, in: SBLSP 32 (1993), 574–588, hier: 584.

[28] Für eine bewusste Anspielung auf Dan. 7,14 plädieren etwa auch Otto Michel, Der Abschluß des Matthäusevangeliums. Ein Beitrag zur Geschichte der Osterbotschaft, in: EvTh 10 (1950/51), 16–26, hier: 22; Lohmeyer, Gewalt, 33; Kasting, Anfänge, 34–36, 135; Lange, Erscheinen, 212–217; Hubbard, Redaction, 80–82; John P. Meier, Salvation-History in Matthew. In Search of a Starting Point, in: CBQ 37 (1975), 203–215, hier: 211–215; Jane Schaberg, The Father, the Son and the Holy Spirit. The Triadic Phrase in Matthew 28:19b, Chicago 1982, 111–141; Rudolf Schnackenburg, Matthäusevangelium 16,21–28,20, Würzburg 1987, 289f.; Daniel J. Harrington, The Gospel of Matthew (Sacra Pagina 1), Collegeville 1991, 415f.; W. D. Davies/Dale C. Allison, The Gospel According to Saint Matthew III: XIX-XXVIII (ICC), Edinburgh 1997, 682f.; Peter Stuhlmacher, Zur missionsgeschichtlichen Bedeutung

Verses nämlich recht ähnlich: καὶ ἐδόθη αὐτῷ ἐξουσία, und auch sonst lässt sich eine Aufnahme und Verarbeitung dieser Tradition im Matthäusevangelium nachweisen (siehe Mt 24,30; 26,64). Allerdings reicht die Bedeutung der Anspielung nicht über die Tatsache seiner Inthronisation hinaus.[29] Das Verb ἐδόθη ist ein effektiver Aorist;[30] es bezeichnet den Endpunkt eines Geschehens. Der Ziel- und Endpunkt darf nun aber nicht mit dem Ganzen verwechselt werden (siehe auch Mt 16,21; 17,22f; 20,18f). Dem Auferstandenen ist die Vollmacht also *gegeben* worden, gemeint ist natürlich: von seinem Vater. Instruktiv ist diesbezüglich eine Gegenüberstellung mit der Erzählung von der dritten Versuchung Jesu in Mt 4,8–10 einschließlich des falschen Versprechens Satans, ihm alles zu übergeben; sie weist viele sprachliche und motivliche Parallelen zu Mt 28,16–20 auf.[31] Theologisch einigermaßen korrekt müsste man wohl sagen, dass Christus nach seiner Auferstehung *wieder*gegeben worden ist, was ihm seit Anbeginn und auch zur Zeit seiner öffentlichen Wirksamkeit (Mt 11,27) zu eigen war, auf dessen Ausübung er aber bei seinem Hinabstieg in den Kreuzestod verzichtet hat (vgl. Phil 2).[32] Die Jünger werden ausgesandt, nicht nur am Sieg Jesu zu partizipieren – obwohl das natürlich *schließlich* auch –, sondern ihm zunächst auch in Leiden und Schwierigkeiten nachzufolgen.

Vor dem Ostergeschehen hat Jesus im Übrigen seine Vollmacht, seine ἐξουσία[33], keineswegs gewalttätig, sondern in sanftmütiger Weise ausgeübt: So hat er etwa einen Gelähmten geheilt, »damit ihr wisst, dass der Menschensohn

von Mt 28,16–20, in: EvTh 59 (1999), 108–130, hier: 116f., 119; und Matt 28:16–20 and the Course of Mission in the Apostolic and Postapostolic Age, in: Ådna/Kvalbein (Hg.), The Mission of the Early Church to Jews and Gentiles, 17–43, hier: 19. Dagegen wenden sich Anton Vögtle, Das christologische und ekklesiologische Anliegen von Mt 28,18–20, in: Ders., Das Evangelium und die Evangelien. Beiträge zur Evangelienforschung, Düsseldorf 1971, 253–272, hier: 253–260; Wolfgang Trilling, Das wahre Israel. Studien zur Theologie des Matthäus-Evangeliums, München 1964³, 21–23; Zumstein, condition, 91f.; Ferdinand Hahn, Der Sendungsauftrag des Auferstandenen. Matthäus 28,16–20, in: Theo Sundermeier (Hg.), Fides pro mundi vita. Missionstheologie heute (FS Hans-Werner Gensichen), Gütersloh 1980, 28–43, hier: 31; David R. Bauer, The Structure of Matthew's Gospel. A Study in Literary Design, Sheffield 1988, 111f.; Keith Howard Reeves, The Resurrection Narrative in Matthew. A Literary-Critical Examination, Lewiston/Queenston u. a. 1993, 75f.; Guido Tisera, Universalism According to the Gospel of Matthew, Frankfurt/Berlin u. a. 1993, 299.

[29] Vgl. Heinz E. Tödt, Der Menschensohn in der synoptischen Überlieferung, Gütersloh 1959, 261.
[30] Joachim Jeremias, Neutestamentliche Theologie I: Die Verkündigung Jesu, Gütersloh 1971, 294, hingegen versteht ihn ingressiv, meint aber inhaltlich Ähnliches: »soeben ist mir übergeben worden.« Die Übergabe der Vollmacht ist jetzt schon vollständig abgeschlossen; vgl. Tödt, Menschensohn, 261; Hubbard, Redaction, 9.
[31] Siehe Matthey, Commission, 163f.; Ulrich Luck, Das Evangelium nach Matthäus, Zürich 1993, 317; Hubert Frankemölle, Matthäus. Kommentar 2, Düsseldorf 1997, 544.
[32] Anders Karl Barth, Auslegung von Matthäus 28,16–20, Basel 1945, 13.
[33] Sie ist von vornherein Unterscheidungsmerkmal zu den Schriftgelehrten (siehe Mt 7,29; vgl. Mk 1,22).

Vollmacht (ἐξουσία) hat, auf Erden die Sünden zu vergeben« (Mt 9,6; vgl. 9,8). An anderer Stelle, nachdem Jesus gesagt hat, ihm sei »alles« von seinem »Vater übergeben« worden – hier ebenfalls eine generalisierende Formulierung mit ἐδόθη –, lädt er alle »Mühseligen und Beladenen« zu sich ein, und er verspricht, sie »ausruhen zu lassen« (Mt 11,27–28). Die angeführten beiden Texte weisen die größte sprachliche Nähe zu Mt 28,18b im gesamten Matthäusevangelium auf. Joachim Lange versteht den Halbvers gar als »Neuauflage von Mt 11,27 / Lk 10,22«[34]. Auch betreffs der Perikope Mt 28,16–20 kann man sagen, dass die Aussendung der Jünger einen Ausdruck dessen darstellt, dass Jesus den mehrfachen Verrat durch seine teils immer noch zweifelnden Jünger vergeben hat (siehe Mt 26,56.69–75).[35] Jesus, dem nach seiner Auferstehung »alle Vollmacht im Himmel und auf der Erde gegeben wurde«, bleibt doch derselbe, sanftmütig und menschenfreundlich. Aus diesen Beobachtungen schließe ich, dass es jeglicher Missionsbemühung gut tut, wenn die entsprechenden Missionarinnen und Missionare sich nicht einfach hin ausgesandt fühlen, an Jesu Vollmacht zu partizipieren, sondern sich daran erinnern, dass seine Vollmacht ihren Ausdruck darin fand, Sünden zu vergeben, zu heilen sowie den Mühseligen und Beladenen Ruhe zu verschaffen.[36] So heißt es auch in Mt 10,1: »Und er rief seine zwölf Jünger zu sich und gab ihnen Vollmacht (ἔδωκεν αὐτοῖς ἐξουσίαν) über unreine Geister, dass sie die austrieben und heilten jede Krankheit und jedes Gebrechen« (siehe des Weiteren noch Mt 20,25–28).

Auf den Missionsbefehl folgt in Mt 28,16–20 eine außergewöhnlich starke Beistandszusage Jesu in Vers 20b: »Und siehe, ich bin mit euch alle Tage bis zur Vollendung des Äons.«[37] Entgegen des üblichen Gattungsmerkmals einer Erscheinungserzählung endet die Perikope also »auffälligerweise nicht mit dem Verschwinden Jesu, sondern mit dem Hinweis auf seine andauernde Gegenwart«[38].

---

[34] Lange, Erscheinen, 488 u. ö.; siehe auch Kevin Smyth, Matthew 28. Resurrection as Theophany, in: ITQ 42 (1975), 259–271, hier: 270; Hahn, Sendungsauftrag, 29, 32; Theo de Kruijf, Go Therefore and Make Disciples of All Nations: MT 28,19, in: Bijdragen 54 (1993), 19–29, hier: 26f.; Gerhard Hennig, Matthäus 28,16–20 aus der Sicht der Praktischen Theologie. Beobachtungen und Überlegungen, in: ThBeitr 32 (2001), 317–326, hier: 317–319.

[35] Siehe Jack Dean Kingsbury, Matthew as Story, Philadelphia 1988², 91f.; Reeves, Narrative, 14–16, 39, 81–86.

[36] »Mission kann darum nicht als Machtdemonstration geschehen«, so Sundermeier, Frage, 99f.

[37] »A powerful first-person statement of divine presence«, so Kupp, Emmanuel, 105; »the divine ›I am with you‹ of YHWH becomes the divine ›I am with you‹ of the risen Jesus«, so ebd. 156.

[38] Luz, Jünger, 162; vgl. Joachim Gnilka, Das Matthäusevangelium II: Kommentar zu Kap. 14,1–28,20 und Einleitungsfragen, Freiburg/Basel u. a. 1988, 504.

Der Vers bildet eine Inklusion[39] mit der Emmanuel-Verheißung (Jes 7,14) am relativen Anfang des Matthäusevangeliums in Mt 1,23 (siehe des Weiteren Mt 9,15; 17,17; 18,20 sowie betreffs ihres alttestamentlichen Hintergrunds vor allem Hag. 1,13; 2,4; Jer 49(42),11 LXX).[40] Es ist in unserer Schwäche, dass wir dieser Zusage bedürfen,[41] nicht in unserer vermeintlichen Stärke.

## Die πάντα τὰ ἔθνη (»alle Völker«): Der Missionsbefehl im Kontext des Evangeliums

Es kann leicht gezeigt werden, dass die Perikope Mt 28,16–20 nicht zufällig wirkungsgeschichtlich schließlich doch höchst einflussreich geworden ist. Ihre Bedeutsamkeit ist im Text selbst angelegt. Dazu nur kurz und summarisch sechs Beobachtungen:

- Das Matthäusevangelium als Ganzes wird durch diese Perikope abgeschlossen; der Text setzt also den betonten Schlusspunkt unter alles Vorherige. »One expects much from an ending, and in this Matthew meets expectations.«[42]
- Das Wort des Auferstandenen hat besonderes Gewicht.
- Das erzählte Ereignis bildet die Erfüllung einer Weissagung Jesu, die schon dreimal im Evangelium genannt wurde (siehe Mt 26,32; 28,7.10).[43]
- Vier generalisierende Formulierungen mit πᾶς, πᾶσα, πᾶν (»alles«/«alle«) fallen ins Auge: in Vers 18b: πᾶσα ἐξουσία (»alle Vollmacht«), in Vers 19a: πάντα τὰ ἔθνη (»alle Völker«), in Vers 20a: τηρεῖν πάντα (»alles zu halten«)

[39] Siehe dazu Frankemölle, Jahwebund, 321–324; Kingsbury, Matthew, 41f.; Bauer, Structure, 124f. Ein weiterer Text mit vielen Berührungen mit Mt 28,16–20 ist Mt 17,6–7 (siehe Hubbard, Redaction, 77f.). Nachdem Jesus in der Verklärungsszene zu den Jüngern getreten ist (προσῆλθεν), sagt er: »Steht auf und fürchtet euch nicht.«

[40] Siehe dazu W. C. van Unnik, Dominus vobiscum. The Background of a Liturgical Formula, in: A. J. B. Higgins (Hg.), New Testament Essays (Studies in Memory of Thomas Walter Manson), Manchester 1959, 270–305, hier: 276–286; Horst D. Preuß, »… ich will mit dir sein!«, in: ZAW 80 (1968), 139–173, hier: 139–160; Kupp, Emmanuel, 138–156.

[41] Siehe Vicky Balabanski, Mission in Matthew against the Horizon of Matthew 24, in: NTS 54 (2008), 161–175, hier: 166.

[42] Davies/Allison, Matt. III, 678; siehe auch Kenzo Tagawa, People and Community in the Gospel of Matthew, in: NTS 16 (1970), 149–162, hier: 153; Paul Foster, Community, Law and Mission in Matthew's Gospel, Tübingen 2004, 239.

[43] »… Jesus has more for his disciples to do than simply return to Galilee: the repetition of the message (26.32; 28.7, 10) and the urgency connected with it (28.7: ›Go quickly‹) hint that Jesus will have a further word of command for the disciples when they get there«, so Dorothy Jean Weaver, Matthew's Missionary Discourse. A Literary Critical Analysis, Sheffield 1990, 150.

und in Vers 20b: πάσας τὰς ἡμέρας (»alle Tage«). »So entsteht der Eindruck einer allgemeingültigen Grundsatzerklärung des Auferstandenen.«[44] Der Text ist Träger einer universalen Bedeutung.

- Insbesondere Vers 20b, der bis zur Parusie ausgreift, zeigt, dass die jahrhundertelange Eingrenzung der vom Missionsbefehl gemeinten Adressaten zunächst auf die historischen Zwölf zu Recht im 16. Jahrhundert von den Täufern und Täuferinnen sowie einzelnen anderen Reformern überwunden wurde.[45]
- Und schließlich, wie schon gesagt: Wie die Bergpredigt am relativen Anfang des Matthäusevangeliums auf einem Berg gehalten wird, erfolgt auch die Aussendung der Jünger durch Jesus am Ende des Evangeliums auf einem Berg.[46] Es handelt sich um ein bedeutendes Detail, da das Symbol des Berges seit alters her die Nähe zu Gott ausdrücken kann. Mindestens wird diese Weisung Jesu aus anderem *herausgehoben*. »In Matthew, ›mountain‹ used in the absolute sense is the place for a specific relevant action of Jesus.«[47]

Wenn dieser Text aber so wichtig ist, warum gehört er dann zum Sondergut des Matthäus? Ich neige dazu, hinter Mt 28,19 (oder gar Mt 28,16–20 insgesamt?) eine antiochenische Traditionsgrundlage zu vermuten. Jeder der vier Evangelisten geht mit dem zugrunde liegenden Problem der Öffnung der jüdischen Jesusbewegung hin zur universalen Heidenmission in je eigener Weise um.

πάντα τὰ ἔθνη[48] wird übersetzt »alle Völker«, gemeint sind insbesondere alle »Heidenvölker«. In neutestamentlicher Zeit hat das Judentum die Welt zweigeteilt wahrgenommen, unterschieden zwischen sich selbst, den Juden, und den anderen Völkern, den Heiden. Den Begriff der »Heiden« im Neuen Testament

---

[44] Luz, Mt, 429.
[45] Vgl. Gerhard Schneider, Der Missionsauftrag Jesu in der Darstellung der Evangelien, in: Kertelge (Hg.), Mission im Neuen Testament, 71–92, hier: 76.
[46] Auch zum Gebet kann Jesus einen Berg besteigen (Mt 14,23). Bei der zweiten Brotvermehrung befindet er sich auf einem Berg (vgl. Mt 15,29). Vor der Verklärung wird gar ein »hoher Berg« erstiegen (Mt 17,1: εἰς ὄρος ὑψηλόν, vgl. 17,9; sowie bei der Versuchung Jesu Mt 4,8: εἰς ὄρος ὑψηλὸν λίαν). Zur Wichtigkeit des Bergmotivs im Matthäusevangelium siehe Donaldson, Jesus, 3–5,196f. Für Robert H. Gundry, Matthew. A Commentary on His Handbook for a Mixed Church under Persecution, Grand Rapids 1994² (1982), 593f.; und Dale C. Allison, The New Moses. A Matthean Typology, Edinburgh 1993, 262f.; Davies/Allison, Matt. III, 678f., ist der Berg hier wie in Mt 5,1 ein Hinweis auf die Zeichnung Jesu als neuer Mose (vgl. Ex. 24; Dtn. 34).
[47] Hendrickx, Resurrection Narratives, 48. »It has here more theological than geographical significance«, so Matthey, Commission, 163; vgl. Thomas G. Long, Matthew, Louisville 1997, 325.
[48] 92-mal in der LXX (so Luz, Mt, 430 Fußnote 9), also ein typisch biblischer Sprachgebrauch.

mit den nicht an Christus Glaubenden gleichzusetzen, ist deshalb ein unzulässiger Anachronismus. Der Gegenbegriff zum »Heiden« ist auch im Matthäusevangelium noch nicht der »Christ«, sondern der »Jude«.[49] Im Unterschied zum λαός, dem Volk Israel, bezeichnet ἔθνη gewöhnlich die Nichtjuden, die das Gesetz weder kennen noch halten. Der Begriff ist deutlich negativ besetzt und hat auch, was seine Verwendung im Matthäusevangelium angeht, eine große Nähe zum Begriff der »Sünder«, hier insbesondere vertreten durch die Figur der Zöllner (siehe Mt 5,46f; 18,17). Kenzo Tagawa ist zuzustimmen: »Such expressions cannot be understood otherwise than uttered in the spirit of extremely strong Jewish prejudice.«[50] Für die Erfassung der matthäischen Begriffsverwendung ist es dabei unerheblich, ob diese abwertenden Stellen ausschließlich aus dem vom Evangelisten aus seinen Quellen übernommenen Gut stammen oder nicht.[51]

Religiöses und ethnisches Verständnis, also die Übersetzungsalternative »alle Heiden« oder »alle Völker«, lassen sich in der neutestamentlichen Begriffsverwendung nicht sauber unterscheiden, weshalb die diesbezügliche Forschungsdiskussion nur wenige Fortschritte gezeitigt hat. Zwar ist es grundsätzlich möglich und sinnvoll, Israel unter den Begriff der πάντα τὰ ἔθνη zu subsumieren (siehe auch Mt 24,9.14; 25,32),[52] aber der Fokus der Aussage liegt in Mt 28,19a doch auf

---

[49] Gegen Georg Strecker, Der Weg der Gerechtigkeit. Untersuchung zur Theologie des Matthäus, Göttingen 1971³ (1962), 33; Amy-Jill Levine, The Social and Ethnic Dimensions of Matthean Salvation History. »Go nowhere among the Gentiles …« (Matt. 10:5b) (Studies in the Bible and Early Christianity 14), Lampeter 1988, 10f.

[50] Tagawa, People, 153; siehe auch Graham N. Stanton, The Gospel of Matthew and Judaism, in: BJRL 66 (1984), 264–284, hier: 277. Formen des Adjektivs ἐθνικός werden von Matthäus bei Bezugnahme auf Individuen gebraucht.

[51] Gegen Strecker, Weg, 33. Siehe ähnlich auch die Kritik von Hubert Frankemölle, Zur Theologie der Mission im Matthäusevangelium, in: Kertelge (Hg.), Mission im Neuen Testament, 93–129, hier: 106.

[52] Mit Trilling, Israel, 26–28; Vögtle, Anliegen, 259; Hill, Matt., 71f., 361; O'Brien, Commission, 74f.; Zumstein, condition, 100f.; John P. Meier, Nations or Gentiles in Mt 28:19?, in: CBQ 39 (1977), 94–102, hier: 96–102; Bosch, Structure, 237; E. Best, The Revelation to Evangelize the Gentiles, in: JThS 35 (1984), 1–30, hier: 2; Stanton, Gospel, 274f.; R. T. France, Matthew. Evangelist and Teacher, Exeter 1992 (1989), 235f.; Alan F. Segal, Matthew's Jewish Voice, in: David L. Balch (Hg.), Social History of the Matthean Community: Cross-Disciplinary Approaches, Minneapolis 1991, 3–37, hier: 26; Craig L. Blomberg, Matthew, Nashville 1992, 431f.; Wong Kun-Chun, Interkulturelle Theologie und multikulturelle Gemeinde im Matthäusevangelium. Zum Verhältnis von Juden- und Heidenchristen im ersten Evangelium, Freiburg/Göttingen 1992, 98–108; Reeves, Narrative, 75, 78f., 93; Tisera, Universalism, 304–306, 330; Kruijf, Disciples, 19–29; Anthony J. Saldarini, Matthew's Christian-Jewish Community, Chicago/London 1994, 81; Ingo Broer, Das Verhältnis von Judentum und Christentum im Matthäus-Evangelium (1994), in: J. Cornelis de Vos/Volker Siegert (Hg.), Interesse am Judentum. Die Franz-Delitzsch-Vorlesungen 1989–2008, Münster, 194–223, hier: 219–223; Stuhlmacher, Bedeutung, 117; Hubert Frankemölle, Die Sendung der Jünger Jesu »zu allen Völkern« (Mt 28,19), in: ZNT 8/15 (2005), 45–51. Gegen Kenneth W. Clark, The Gentile Bias in Matthew, in: JBL 66 (1947), 165–172, hier: 166; Rolf Walker, Die Heilsgeschichte im ersten Evangelium, Göttingen 1967, 111–113; Lange, Erscheinen,

der *Entgrenzung des Adressatenkreises.*[53] »Alle Völker« sind eben mit nur einer einzigen Ausnahme »alle Heidenvölker«. Keinesfalls ist eine Rückstufung oder Zurechtweisung Israels durch solcherart implizierte »Subsummierung« intendiert.[54] Die weitere Ausrichtung auf Israel wird vielmehr fraglos vorausgesetzt, dessen Mission bis zur Parusie andauern (Mt 10,23).[55] Lloyd Gaston konstatiert mit Blick auf Mt 10 allerdings einen Pessimismus bezüglich des Ergebnisses dieser Judenmission und schließt auf eine dahinterliegende negative Erfahrung: »The pessimism of the mission speech in Matthew 10 surely represents the experience of the church preaching to Israel, and the messengers seem almost to expect to have their message rejected.«[56]

Die ersten Nachfolgerinnen und Nachfolger Jesu waren – wie Jesus selbst – Juden, insbesondere die Zwölf, von denen elf[57] in unserem Text angesprochen werden. »Diese Zwölf« aber, so heißt es in Mt 10,5–6, »sandte Jesus aus, gebot ihnen und sprach: Geht nicht den Weg zu den Heiden (ἐθνῶν) und zieht in keine Stadt der Samariter, sondern geht hin zu den verlorenen Schafen aus dem Hause Israel«. Auch diese beiden Verse sind nur im Matthäusevangelium enthalten (siehe zudem noch Mt 7,6; 18,17). Ich halte sie für ein erst später entstandenes

---

302–305; Douglas R. A. Hare/Daniel J. Harrington, »Make Disciples of All the Gentiles« (Mt 28:19), in: CBQ 37 (1975), 359–369, hier: 359, 361–369; Stephen Hre Kio, Understanding and Translating »Nations« in Mt 28.19, in: BibTrans 41 (1990), 230–238, hier: 233–238; David P. Scaer, The Relation of Matthew 28:16–20 to the Rest of the Gospel, in: CTQ 55 (1991), 245–266, hier: 251; Florian Wilk, Jesus und die Völker in der Sicht der Synoptiker, Berlin/New York 2002, 129; und Eingliederung von »Heiden« in die Gemeinschaft der Kinder Abrahams. Die Aufgabe der Jünger Jesu unter »allen Weltvölkern« nach Mt 28,16–20, in: ZNT 8/15 (2005), 52–59; Peter Fiedler, Das Matthäusevangelium, Stuttgart 2006, 430f.; Rupert Feneberg, Die Erwählung Israels und die Gemeinde Jesu Christi. Biographie und Theologie Jesu im Matthäusevangelium, Freiburg/Basel u. a. 2009, 379f.

[53] So richtig mit dem Kontext (insbesondere mit der inhaltlichen Bezugnahme auf Mt 10,5f) argumentierend Levine, Dimensions, 196, die insofern die Übersetzung »Gentiles« vorzieht. Unangebracht ist der Vorschlag, bei dem Ausdruck einfach an den Rest der Welt zu denken; gegen J. Andrew Overman, Church and Community in Crisis. The Gospel According to Matthew (The New Testament in Context), Valley Forge 1996, 406.

[54] Gegen John P. Meier, The Vision of Matthew. Christ, Church, and Morality in the First Gospel (Theological Inquiries), New York/Ramsey u. a. 1979, 17; Hagner, Matt., 887 (»shocking«).

[55] Siehe Wong, Theologie, 89f., 96; David C. Sim, The Gospel of Matthew and Christian Judaism. The History and Social Setting of the Matthean Community, Edinburgh 1998, 157–161; Hans Kvalbein, Hat Matthäus die Juden aufgegeben? Bemerkungen zu Ulrich Luz' Matthäus-Deutung, in: ThBeitr 29 (1998), 301–314, hier: 309; Wilk, Jesus, 126f.; Foster, Community, 224, 227.

[56] Lloyd Gaston, The Messiah of Israel as Teacher of the Gentiles. The Setting of Matthew's Christology, in: Int 29 (1975), 24–40, hier: 25; ähnlich schon früher Douglas R. A. Hare, The Theme of Jewish Persecution of Christians in the Gospel According to St Matthew, Cambridge 1967, 146–149, 164.

[57] Mt 27,3–10 hatte vom Selbstmord des Judas erzählt. »Matthew leaves the number incomplete, thereby reminding the reader of the tragic failure of Judas«, so Donald Senior, Matthew, Nashville 1998, 345. »The church that Jesus sends into the world is ›elevenish,‹ imperfect, fallible«, so Bruner, Matt., 806.

»unechtes« Jesuswort; denn wären sie schon direkt nach Ostern und insbesondere den Elf als Herrenwort bekannt gewesen, ließe sich der historische Verlauf der Auseinandersetzungen um die antiochenisch-paulinische gesetzesfreie Heidenmission wohl kaum begreiflich machen.[58]

Die anfängliche, ausdrückliche Eingrenzung der Aussendung der Jünger auf die Juden hin wird also am Ende des Evangeliums ebenso ausdrücklich überwunden. Es handelt sich hierbei m. E. um ein bewusstes Konzept des Evangelisten, nicht um seine schlechte Redaktionsarbeit. Hierfür spricht insbesondere, dass Mt 10,5f in der Aussendungsrede keineswegs versteckt, sondern ganz im Gegenteil betont herausgestellt wird als erster Auftrag Jesu an die Zwölf, zudem deutlich gekennzeichnet als eine Erfüllung alttestamentlicher Verheißungen (Num 27,17; 1. Kön 22,17; 2. Chr 18,16; Jer 10,21; 23,1–4; Ez 34; Sach 10,2–6; 13,7).[59] Mit einer beachtlichen Gruppe von Forscherinnen und Forschern denke ich, dass dabei auch im Matthäusevangelium – und zwar auch für die matthäische Gemeinde selbst, u. a. weil mit den Elf das grundsätzlich gleiche Subjekt wie in 10,5f angesprochen ist[60] – eine *Ausweitung* der ursprünglich fokussiert jüdischen Mission auf die Heidinnen und Heiden hin gemeint ist, *nicht* aber die Verwerfung und deshalb Ersetzung Israels durch die spätere Kirche im Sinne der sogenannten Substitutionstheorie[61], ebenfalls *keine* Ergänzung[62] des Sendungs-

---

[58] Siehe Schuyler Brown, The Matthean Community and the Gentile Mission, in: NovT 22 (1980), 193–221, hier: 199; Francis Wright Beare, The Gospel according to Matthew. Translation, Introduction and Commentary, San Francisco 1981, 544. Eine Diskussion über die Herkunft des Wortes, M (S Mt), Q oder red, findet sich bei Morna D. Hooker, Uncomfortable Words X. The Prohibition of Foreign Missions (Matt 10[5–6]), in: ExpT 82 (1971), 361–365.

[59] Siehe Levine, Dimensions, 38–40.

[60] Gegen David C. Sim, The Gospel of Matthew and the Gentiles, in: JSNT 57 (1995), 19–48, hier: 41–44, 47; und Judaism, 216, 236–247, 256.

[61] Mit Barth, Auslegung, 15; Schuyler Brown, The Two-fold Representation of the Mission in Matthew's Gospel, in: StTh 31 (1977), 21–32, hier: 29f.; Meier, Salvation-History, 205; Schnackenburg, Mt, 290; Levine, Dimensions, 42f., 46f., 166, 191, 241, 276; Anthony J. Saldarini, The Gospel of Matthew and Jewish-Christian Conflict, in: Balch (Hg.), Social History of the Matthean Community, 38–61, hier: 41–44, 59f.; Saldarini, Community, insbesondere 81, 199–202; Frankemölle, Mt 2, 546; Kvalbein, Matthäus, 309; Keener, Matt., 719f.; Paul Hertig, The Great Commission Revisited. The Role of God's Reign in Disciple Making, in: Miss 29 (2001), 343–353, hier: 343, 347; Pregeant, Matthew, 186f.; Nolland, Matt., 1265f.; France, Matt., 1114f. Stuhlmacher, Course, 26f., versteht den Gang nach Galiläa symbolisch als eschatologische Restauration Israels. Gegen Clark, Bias, 166, 172; Trilling, Israel, 85–90; Walker, Heilsgeschichte, 112, 114–117, 120–122; Hare, Theme, 147–166, 170f.; Hare/Harrington, Disciples, 359, 367; Hooker, Words, 365; Eung Chun Park, The Mission Discourse in Matthew's Interpretation, Tübingen 1995, 8, 178, 184, 190. Zur Forschungsdiskussion siehe auch den Überblick von Dobbeler, Restitution, 21–27.

[62] »So wird hier der in 10,5–8 erteilte Sendungsauftrag Jesu weder ausgeweitet noch aufgehoben, sondern ergänzt«, so Wilk, Jesus, 129; siehe ebd. noch 89, 123–133 sowie Eingliederung, 56–58.

befehls in Mt 10,5ff durch die Gründung eigenständiger ausschließlich heidenchristlicher Gemeinden »neben der Synagoge«[63].

## Exkurs: Der »Sitz im Leben« des Matthäusevangeliums

Texte wie Mt 8,11f; 21,33–46; 22,1–10; 23,34–39; 27,24–25 lassen sich am ehes-
ten als Interpretation und Reaktion auf die jüdische Katastrophe des Jahres 70 n.
Chr. verstehen. Wenn zudem die Vermutung stimmt, dass die Gruppe um Matthäus inzwischen außerhalb Palästinas lebt, besteht zur Zeit der Abfassung des
Evangeliums kaum noch die Möglichkeit, sich weiter an einer gesetzesobservanten jüdischen Evangeliumsverkündigung zu beteiligen. Ihre Mitglieder müssen
sich umorientieren. Wenn man so will, handelt es sich um eine Lernerfahrung:
Der gemeinsame Glaube an Jesus Christus, den auch Heidinnen und Heiden zu
teilen begonnen haben, wird nun als verbindender verstanden und anerkannt als
der althergebrachte Unterschied zwischen Juden- und Heidentum. Und dies, obwohl der Umgang mit Heidinnen und Heiden in der Zeit nach Ostern von der
matthäischen Gemeinde zunächst noch tabuisiert wurde (siehe Mt 18,17). Mit
Schuyler Brown vermute ich, dass erst ihre teilweise[64] Übersiedlung nach Syrien
– oder eher ins Ostjordanland[65] – im Zusammenhang mit dem Jüdischen Krieg
und ihr Anschluss an dortige christliche Gemeinden zu der genannten Öffnung
geführt haben (siehe das einleitende τότε in Mt 22,8–10 nach 22,7).[66] Diese
Gemeinden hatten nämlich schon bald nach Ostern das antiochenisch-paulinische Modell einer gemischten Gemeinde mit gemeinsamen Essen und ohne Beschneidungsforderung gepflegt.[67]

---

[63] »… nicht an ihrer Stelle«, ähnlich wie Wilk auch Feneberg, Erwählung, 8; siehe ebd. 7f., 66–69, 75–77, 82–85, 379–381.

[64] Nicht nur wegen der größeren historischen Plausibilität, sondern auch wegen Mt 10,23, vermute ich, dass nicht alle Mitglieder der früheren Gemeinde des Matthäus in eine Stadt außerhalb Palästinas geflohen sind.

[65] Antiochia am Orontes oder allgemein Syrien sind häufig vertretene Annahmen bezüglich des Abfas-sungsorts des Matthäusevangeliums (so auch Brown). Wegen Mt 4,15 (mit Jes. 8,23 MT, gegen LXX) und Mt 19,1 kommt aber auch das unter syrischem Einfluss stehende Ostjordanland (Dekapolis, mögli-cherweise Pella) als Abfassungsort in Frage, siehe dazu H. Dixon Slingerland, The Transjordanian Origin of St. Matthew's Gospel, in: JSNT 3 (1979), 18–28.

[66] Siehe die Vorbereitung eines solchen Verständnisses bei Brown, Representation, 21–32; und The Mis-sion to Israel in Matthew's Central Section (Mt 9 35–11 1), in: ZNW 69 (1978), 73–90; sodann insbe-sondere Community, 193–221. Vielleicht hat er auch darin Recht, aktuell verschiedene Positionen in der matthäischen Gemeinde zu erschließen.

[67] Zum antiochenischen Gemeindemodell siehe Ruth Schäfer, Paulus bis zum Apostelkonzil. Ein Beitrag zur Einleitung in den Galaterbrief, zur Geschichte der Jesusbewegung und zur Pauluschronologie, Tübingen 2004, 440–447, 478–480.

Im Unterschied zu vielen anderen Entwürfen setze ich also mit Brown die Wende hin zur gesetzesfreien Heidenmission *für die matthäische Gemeinde* – selbstverständlich nicht für die Jesusbewegung insgesamt! – erst nach 70 n. Chr. an und nicht mit Ostern[68]. Hierfür spricht insbesondere auch eine aufmerksame Lektüre der Aussendungsrede Mt 9,35–11,1; denn diese von Matthäus gestaltete Rede enthält »Dokumente ältester Kirchengeschichte, die in deutlichem Gegensatz zu Matth. 28,19 stehen«[69]: Die insbesondere relevanten Verse Mt 10,5f sind an die Zwölf gerichtet; sie handeln also anders als Mt 15,21–28 nicht von Jesu eigener, vorösterlicher Prioritätensetzung (siehe auch Mt 1,21)[70]. Anders als in Mk 6,7–13.30 wird nun im Matthäusevangelium von keiner direkten (vorösterlichen) Umsetzung dieses Auftrags und der entsprechenden Rückkehr der Jünger zu Jesus berichtet.[71] Die späteren Verse Mt 10,16ff stellen vielmehr die zukünftige, im Wesentlichen nachösterliche Perspektive der Aussendungsrede sicher. Für die Einheit des Komplexes sprechen auch das Jünger- (siehe Mt 9,37; 10,1.24f.42; 11,1), das Israel- (siehe Mt 10,6.23) und das biblisch konnotierte »Schafmotiv« (wenn auch in unterschiedlicher Anwendung, siehe Mt 9,36; 10,6.16). Insgesamt scheint mir im Matthäusevangelium keine strikte Trennung zwischen der »Zeit Jesu« und der »Zeit der Kirche« vorzuliegen.[72]

Interessant ist diesbezüglich das folgende von Rolf Walker vorgestellte Zeitschema[73]:

1. Vorgeschichte des Messias: von Abraham bis zum Vorläufer
2. Berufungsgeschichte Israels: vom Vorläufer bis zum Jahr 70
   (Jesus als die »Mitte der Mitte«)
3. Heiden-Berufung-Boten: von 70 bis zum Ende.

Wohl bevorzuge ich andere Überschriften und mit Jack Dean Kingsbury[74] eine grundsätzliche Zweiteilung:

---

[68] Etwa gegen Reinhart Hummel, Die Auseinandersetzung zwischen Kirche und Judentum im Matthäusevangelium, München 1966², 138, 141; Ulrich Luck, Herrenwort und Geschichte in Matth. 28,16–20, in: EvTh 27 (1967), 494–508, hier: 498; Roman Bartnicki, Der Bereich der Tätigkeit der Jünger nach Mt 10,5b-6, in: BZ 31 (1987), 250–256, hier: 254f.; Levine, Dimensions, 2, 11, 166–168.

[69] Luck, Herrenwort, 498.

[70] Gegen Saldarini, Community, 81.

[71] Siehe Luz, Jünger, 144.

[72] Siehe Tagawa, People, 157.

[73] Siehe Walker, Heilsgeschichte, 115.

[74] Siehe Jack Dean Kingsbury, The Structure of Matthew's Gospel and His Concept of Salvation-History, in: CBQ 35 (1973), 451–474, hier: 466–474.

1. Die Segensverheißung durch den Messias: von Abraham bis zur Geburt Jesu
2.1 Die schon begonnene Erfüllung mit Blick zuerst auf Israel:
   von der Geburt Jesu bis zum Jahr 70
2.2 Die jetzt übernommene Erfüllung mit Blick auch auf die Heiden:
   vom Jahr 70 bis zum Ende.

Seit dem Jahr 70 n. Chr. werden also sowohl Juden- (»zuerst«) als auch Heidenmission (»jetzt übernommen«) von der matthäischen Gemeinde gleichzeitig getragen (vgl. Mt 10,17f). Sehr zu beachten ist, dass das vorgestellte Zeitschema nicht mit der Struktur des Matthäusevangeliums zusammenfällt. Eher kann gesagt werden, dass es sich um ein unterschwellig stets präsentes Verständnis der Heilsgeschichte handelt. Das Matthäusevangelium selbst thematisiert mit einem Rückblick auf den »Ursprung« (γένεσις, Mt 1,1–17) und einem Ausblick auf die baldige »Vollendung« (συντέλεια, Mt 28,16–20) die in 2.1 genannte Phase.[75]

Vorzeichen der Öffnung zur Heidenmission finden sich insofern durchaus schon früher im Matthäusevangelium, so etwa in den Erzählungen von der Huldigung des Kindes durch die Magier aus dem Osten (Mt 2,1–12), Jesu Wohnsitznahme im »Galiläa der Heiden« (Mt 4,12–16, vgl. Jes. 8,23), vom Erstaunen Jesu über den Glauben des Hauptmanns von Kafarnaum mit der sich anschließenden Verheißung (Mt 8,5–13), von dem Exorzismus im Land der Gadarener (Mt 8,28–32), in dem Ausblick auf eine Vorführung vor Statthalter und Könige »zum Zeugnis ihnen und den Völkern« (Mt 10,18), dem relativen Lob der heidnischen Städte (Mt 11,20–24), in Jesu Charakterisierung als jesajanischer Gottesknecht (Mt 12,18–21; vgl. Jes 42,1–4), in seiner Überwindung durch die kanaanäische Frau (Mt 15,21–28; vgl. Mk 7,24–30) und insbesondere in der Ansage der Verkündigung des Evangeliums »auf dem ganzen Erdkreis zum Zeugnis allen Völkern« (ἐν ὅλη τῇ οἰκουμένη εἰς μαρτύριον πᾶσιν τοῖς ἔθνεσιν) vor dem Ende (Mt 24,14; vgl. Mk 13,10) sowie dem Zeugnis des römischen Hauptmanns bei der Hinrichtung (Mt 27,54; vgl. Mk 15,39).[76]

---

[75] »Although Matthew's story deals with the life of Jesus, it encompasses a broader percpective, the time between Abraham and the parousia«, so auch Frank J. Matera, The Plot of Matthew's Gospel, in: CBQ 49 (1987), 233–253, hier: 241.

[76] Siehe hierzu vor allem Donald Senior, Between Two Worlds. Gentiles and Jewish Christians in Matthew's Gospel, in: CBQ 61 (1999), 1–23, hier: 14–16; und Peter Wick, Matthäus und die Mission, in: ZMiss 29 (2003), 77–90, hier: 78–83. Ebenfalls zu beachten sind die Aussagen über die »Welt« in Mt 5,14; 13,38; 26,13.

Von einer »Lernerfahrung« (s. o.) kann nur gesprochen werden, wenn die stark jüdische Prägung des Evangeliums einschließlich seiner negativen Äußerungen über Heidinnen und Heiden (außer den schon genannten Stellen siehe noch Mt 6,7f.31f[77]) nicht auf eine ältere Traditionsschicht zurückgeführt wird, von der sich dann der Evangelist als heidenchristlicher Redaktor abgesetzt habe[78]. Meiner Auffassung zufolge verantwortet der Evangelist das *ganze* Evangelium, d. h. er spricht aus durchgängig judenchristlicher Perspektive, wenn er die nachösterliche, für ihn aber schon in der Vergangenheit liegende Öffnung zur Heidenmission begrüßt und rechtfertigt. Er tut dies, erstens, mit dem Hinweis darauf, dass sich Jesus schon während seines irdischen Wirkens im Einzelfall Heidinnen und Heiden zugewandt habe (und zwar durchaus nicht immer erfolgreich, siehe Mt 8,33f), dieser Öffnung also *prinzipiell nichts entgegenstehe.* Zweitens, habe Jesus direkt nach seiner Auferstehung – für die schwierige Situation nach Ostern (siehe Mt 10,16–31; 22,1–10; 23,29–36; 28,11–15) – eine Zuwendung zu den Heidinnen und Heiden sogar *befohlen.* Ähnlich wie in der Aussendungsrede[79] liegt alles an der Überlieferung dieses Auftrags, wenig an seiner direkten Umsetzung.

Die Prioritätensetzung der matthäischen Gemeinde auf die Israelmission einschließlich der Ablehnung von Kontakten mit Heidinnen und Heiden (Mt 7,6; 10,5f; 18,17)[80] wird vom Evangelisten *mit Blick auf die (frühere) Situation in Palästina* weiterhin als gerechtfertigt und richtig angesehen. Ich begreife den Evangelisten also auch als einen Retter und Bewahrer von Jerusalemer Traditionen nach der Flucht aus Palästina. Auch bei der Überlieferung von direkt mit dem Tempel und der Stadt Jerusalem verbundenen alten Traditionen (Mt 5,23f; 16,17–19; 17,24–27; 23,16–22; 24) erweist sich der Evangelist als konservativer Bewahrer von in ihrem historischen Bezug schon obsoleten Beständen und Ratschlägen.[81]

* * *

---

[77] Siehe dazu Sim, Gentiles, 25–28; und Judaism, 226–231.

[78] Etwa gegen Clark, Bias, 165–172; Trilling, Israel, 215; Strecker, Weg, 16–35.

[79] Siehe Luz, Jünger, 144, zu Mt 10: »Bei Matthäus sind die Jünger zu Lebzeiten Jesu offenbar gar nicht ausgezogen; sie haben nur seine Anordnungen erhalten. Aber wann sind sie denn ausgezogen? Die Frage scheint Matthäus nicht zu bekümmern, weil es ihm eben um die Anordnungen Jesu geht.«

[80] Es ist mir unverständlich, wie Wong, Theologie, 65, gerade aus Mt 18,15–17 schließen kann, die matthäische Gemeinde sei »aus Juden- und Heidenchristen zusammengesetzt« (ebenfalls gegen ebd. 75).

[81] Vgl. u. a. Gundry, Matt., 602–606 (Er tritt mit diesen Argumenten für eine Datierung der Abfassung des Matthäusevangeliums vor 70 ein.).

Deutlich spiegelt das Matthäusevangelium die Schwierigkeiten jüdischer Jesus-jünger aus Palästina wider, Heidinnen und Heiden, die auch als Christen eben Heiden, also Nichtjuden, bleiben wollten, als ihre neuen Schwestern und Brüder im konkreten Gemeindeleben anzuerkennen. Die ausdrückliche Zuwendung zu ihnen unter Verzicht auf die Beschneidungsforderung gegenüber den Männern und stattdessen der Erwähnung nur der Taufe in Mt 28,19b[82] drückt endlich ge-nau diese Anerkennung aus.[83] Dass die Beschneidung nicht (mehr) problemati-siert wird, spricht vielleicht ebenfalls für den angenommenen späten Zeitpunkt in der Geschichte der antiochenisch-paulinischen Mission, der hier seinen Aus-druck findet. Wie John P. Meier und Robert H. Gundry sehe ich durchaus eine Nähe der matthäischen zur paulinischen Theologie.[84]

Was bedeutet dieser rekonstruierte historische Kontext für die angestrebte adäquate Aktualisierung von Mt 28,19–20a? Der Unterschied hat mit den jewei-ligen *Identifikationsfiguren* der Hörer und Leserinnen zu tun. Durch die Wir-kungsgeschichte des Wortes ab dem 19. Jahrhundert sind viele Christinnen und Christen es inzwischen gewohnt, sich direkt mit den elf Jüngern zu identifizie-ren, die von Jesus zu allen Völkern hin ausgesandt werden. Einige Beobachtun-gen bzw. Beispiele hierzu (wobei es sich typischerweise natürlich um eine unaus-gesprochene Voraussetzung handelt):

---

[82] Bei der triadischen Taufformel dürfte es sich um die Aufnahme einer liturgischen dortigen Gemeinde-tradition handeln (siehe auch andere syrisch beeinflusste Texte wie Did. VII 1,3 und Ign., Magn. 13,2; Od. Sal. 23,22). Dies bedeutet, dass die Taufe nicht direkt auf eine Einsetzung durch den historischen Jesus zurückgeführt werden kann; siehe dazu Lohmeyer, Gewalt, 29–33 (ebd. 32: eine »alte Bildung der galiläischen Urchristenheit«); Hans Kosmala, The Conclusion of Matthew, in: ASTI 4 (1965), 132–147 (kein Teil des ursprünglichen Matthäusevangeliums); Karl Kertelge, Der sogenannte Taufbefehl Jesu (Mt 28,19), in: Hansjörg Auf der Maur/Bruno Kleinheyer (Hg.), Zeichen des Glaubens. Studien zu Taufe und Firmung (FS Balthasar Fischer), Zürich/Freiburg u. a. 1972, 29–40, hier: 32, 34f., 40; Gnilka, Mt, 504f.; Luz, Mt, 431, 453f.

[83] Vgl. Meier, Salvation-History, 205–207, 212; Margaret Davies, Matthew, Sheffield 1993, 207; Fene-berg, Erwählung, 379.

[84] Siehe Raymond E. Brown/John P. Meier, Antioch and Rome. New Testament Cradles of Catholic Chri-stianity, New York/Ramsey 1983, 62f.; Robert H. Gundry, A Responsive Evaluation of the Social History of the Matthean Community in Roman Syria, in: Balch (Hg.), Social History of the Matthean Com-munity, 62–67, hier: 65. Auch Gundrys Frage nach einer Verbindung des (jüdischen) Evangeliums zu Ignatius von Antiochien (siehe ebd. 62f.) findet vor dem Hintergrund der ausgeführten historischen Rekonstruktion eine befriedigende Antwort. Levine, Dimensions, 178–185; Sim, Gentiles, 44–47; und Judaism, 246–256; und Matthew, Paul and the Origin and Nature of Gentile Mission. The Great Com-mission in Matthew 28:16–20 as an Anti-Pauline Tradition, in: HTS 64 (2008), 377–392, gehen anders von einer intendierten gesetzesobservanten Heidenmission aus (nur im Hinblick auf die Beschneidung vorsichtiger: Senior, Worlds, 20, 22). Weder die Nichterwähnung der Beschneidung noch die starke Position des Petrus im Matthäusevangelium sprechen dafür.

- Robert D. Culver: »What is plain to everyone is that the church in the world has been committed to a task of world-wide evangelism«[85] (1968).
- Jacques Matthey: »What Jesus tells his disciples, he tells us«[86] (1980).
- Keith Howard Reeves: »The twelve are depicted in such a way that the reader is invited to identify with them«[87] (1993).
- Paul Hertig: »The final mission mandate of Jesus applies to the implied reader in the same way that it applied to the eleven disciples«[88] (2001).

Der erwähnte »*implied reader*« des Matthäusevangeliums unterscheidet sich allerdings wesentlich von den tatsächlichen, modernen Leserinnen und Hörern der Perikope. Wurde die Relevanz des »Missionsbefehls« in seiner Rezeptionsgeschichte zunächst *historisierend* auf die Zwölf verengt, so wird sie heute wie selbstverständlich *ahistorisch* ausgeweitet auf die Mitglieder der heidenchristlichen Kirche. Diese nur scheinbar selbstverständliche Weise der Selbst-Identifikation mit den ausgesandten Jüngern wird wohl auch dadurch hervorgerufen, dass sich der Evangelist – via Jesus nach der ihm vermutlich vorliegenden antiochenischen Tradition – *in direkter Rede* an seine weitgehend jüdische Gemeinde wendet. Da die weitaus meisten der heutigen Leser und Hörerinnen dieser Verse aber wohl aus dem Heidentum stammen, sollten ihre Identifikationsfiguren m. E. primär die Heidenvölker in der Perikope sein. Jetzt, mit diesem Text, sind sie zwar nachkommend, aber deutlich erwünscht in den christlichen Gemeinden. Aus einer persönlichen Perspektive formuliert: Wir sind die später Hinzugekommenen – und zum Glück von konkreten Gliedern des Volkes Gottes willkommen geheißen worden. Für uns muss es deshalb bei einer Aktualisierung von Mt 28,19–20a immer auch und zuerst um das eigene *Jünger-Werden*, erst sekundär um das *Jünger-Machen* von anderen gehen.[89]

(Ruth Schäfer, Dr. theol., M. A., war von 2005 bis 2011 Dozentin für Neues Testament in Indonesien und Malaysia und ist jetzt Pfarrerin in Scharans)

[85] Culver, Commission, 239.
[86] Matthey, Commission, 162.
[87] Reeves, Narrative, 79.
[88] Hertig, Commission, 350.
[89] Siehe allgemein, ohne Bezug auf die Juden/Heiden-Thematik, auch Smith, Matthew, 602.

**ABSTRACT**

In a thorough investigation of the mission mandate Mt 28,19–20a relevant aspects for an actualization of the text for today are worked out. According to its grammatical structure, the key message of the text is the commandment to make disciples (μαθητεύσατε). In the Gospel of Matthew discipleship is not a primarily theoretical concept, but a call for putting Jesus' teaching into action. A »cautious« translation of the aorist participle πορευθέντες is appropriate. The commissioning is a consequence (οὖν) of the proclamation of the transfer of power to the Resurrected. Throughout Jesus' lifetime this power was expressed by his healing and forgiving gentleness. The scribal school, whose activities form the »Sitz im Leben« of the Gospel of Matthew, seems to have been a group of Jewish followers of Jesus, who after Easter at first were preaching the Gospel exclusively to other Jews unwilling to mingle with Gentiles (Mt 10,5f; 18,17), but after the year 70 were able to adapt to an Antiochian (Pauline) model of living together with Gentiles in the same Christian parishes. (Gentile) Christian readers of today are invited to first of all identify themselves with the πάντα τὰ ἔθνη.

# Zwischen den Welten

Interkulturalität in den frühen missionarischen Beziehungen der Basler Mission in China am Beispiel der Arbeit von Theodor Hamberg

*Tobias Brandner*

Thema dieses Essays sind interkulturelle Konflikte in der Frühzeit der protestantischen Missionen. Interkulturalität hat zu tun mit der Interaktion von Menschen verschiedener Kulturen und deren Verständigungsproblemen, wenn aufgrund der verschiedenen Symbole, Kontexte und sozialen Regeln verschiedene Erwartungen aufeinanderprallen.[1] Missionarische Begegnungen gehören zu den frühesten interkulturellen Begegnungen. Missionare mussten sich viel tiefer mit einem fremden Umfeld auseinandersetzen, als Politiker oder Handelsleute es je taten. Ihre Begegnungen machten ein Verständnis des gesamten Kontextes ihres Wirkens einschließlich linguistischer, kultureller, sozialer, philosophischer und religiöser Aspekte der Weltsicht des Gegenübers nötig. Dabei spielten Missionare eine wichtige Rolle im Prozess des interkulturellen Austauschs und Wissenstransfers, wobei sie sowohl Kenntnisse fremder Länder im Westen verbreiteten und so das Bild fremder Kulturen im Westen prägten, als auch umgekehrt westliche Wissenschaft durch medizinische Dienste und Bildungsarbeit in ihren Zielorten verbreiteten.[2]

---

[*] Der Artikel beruht auf einem im Dezember 2010 in Beijing an einer Konferenz der Chinese Academy of Social Science gehaltenen Vortrag. Er wurde auf Englisch in der Zeitschrift *Ching Feng* in Hongkong veröffentlicht und für die deutsche Übersetzung überarbeitet.

[1] Siehe Donald K. Smith, Intercultural Communication, in: Evangelical Dictionary of World Missions, hg. v. A. Scott Moreau, Grand Rapids 2000, 492.

[2] Diese Rolle des Austauschs wurde in der jüngeren missionstheologischen Forschung angemessen gewürdigt. Ein Beispiel einer Analyse des von Missionaren geleisteten Wissenstransfers von West nach Ost und von Ost nach West findet sich in Jessie Gregory Lutz, Opening China. Karl F. A. Gützlaff and Sino-Western Relations, 1827–1852, Grand Rapids 2008. Die Pflege der Missionsarchive und deren

# 1. Einleitung: Beziehungsvielfalt in missionarischen Begegnungen

In den frühesten missionarischen Begegnungen lassen sich drei Hauptbeziehungen unterscheiden:

1. Beziehung zwischen Missionaren und der Lokalbevölkerung im Missionsgebiet.
2. Beziehung zwischen Missionaren und dem Missions- oder Heimatkomitee.
3. Beziehung zwischen Missionaren verschiedenen Hintergrunds im Missionsgebiet.

Diese Struktur trifft insbesondere auf die frühe Missionsperiode zu. Für spätere Zeiten müssten weitere Beziehungsebenen bedacht werden, etwa direkte Beziehungen zwischen Heimatkomitee und Lokalbevölkerung. Weiter zu erwägen sind Beziehungen zwischen Missionaren und den Heimatkomitees anderer Missionen oder jene zwischen lokalen Konvertiten und jenen Menschen, die den Kontakt mit Missionaren ablehnten.

Graphisch lässt sich dieses Beziehungsgeflecht etwa so ausdrücken:

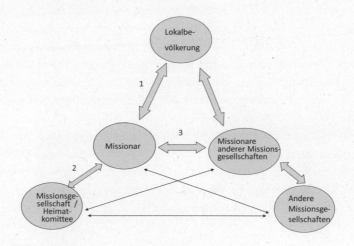

große Wertschätzung in akademischen Kreisen, insbesondere unter Historikern und Ethnologen, ist ebenso Ausdruck dieser Erkenntnis.

Traditionell richtete sich das Augenmerk auf die Beziehung zwischen Missionaren und lokaler Bevölkerung (Beziehung 1).[3] In dieser Beziehung fallen gewöhnlich die meisten interkulturellen Konflikte an. Missionare mussten sich ständig mit einer Vielzahl von Schwierigkeiten auseinandersetzen: fremdes Essen, eine fremde Sprache, ein fremder kultureller Verstehenszusammenhang und die Begegnung mit einer fremden Religion. Oft hatten Missionare das Gefühl, hintergangen zu werden, wie es in der Beziehung der frühen Basler Missionare mit der Chinese Union, der 福漢會 (*fuhanhui*), einer Gruppe lokaler Evangelisten, deren Aufgabe es war, die eigentliche Evangelisation durchzuführen (siehe unten), der Fall war.[4]

Dieser Essay hat einen anderen Ansatzpunkt und richtet sein Augenmerk stattdessen auf die weniger beachtete Interaktion zwischen Missionar und Heimatkomitee (2) und auf jene zwischen Missionaren verschiedener Missionswerke im Missionsfeld (3). Eine Untersuchung des Wirkens von Theodor Hamberg, einem der zwei ersten Basler Missionare in China, seiner Beziehung mit dem Missionskomitee in Basel und seiner Rolle innerhalb der Gemeinschaft der missionarischen Mitarbeiter in Hongkong soll zeigen, wie der Missionar eine Zwischenposition einnimmt und nirgends gänzlich Zugehörigkeit finden kann: Seiner Heimat entfremdet ist er gleichzeitig unfähig, im neuen Umfeld gänzlich heimisch zu werden. Der Essay schlägt vor, von einer multipolaren Struktur auszugehen, mit mehreren entsendenden Organisationen, einer empfangenden Lokalbevölkerung und einem Missionar dazwischen. Eine Diskussion der in dieser multipolaren Beziehung erwachsenden kommunikativen Schwierigkeiten soll diese These unterstützen.

Der Essay beginnt mit einer kurzen Einführung in das Leben von Hamberg und die Begegnung der Basler Mission mit den Hakka-Chinesen Südchinas und wendet sich dann einer Diskussion interkultureller Konflikte im Leben und Wirken von Theodor Hamberg zu. Die Wahl von Hamberg hat verschiedene Gründe: Hamberg (1819–1854) und Rudolph Lechler (1824–1908), die ersten Basler Mis-

---

[3] Ein Beispiel eines solchen Zugangs findet sich etwa in der Studie von Thoralf Klein, Die Basler Mission in Guangdong (Südchina) 1859–1931: Akkulturationsprozesse und kulturelle Grenzziehungen zwischen Missionaren, chinesischen Christen und lokaler Gesellschaft, München 2002. Klein untersucht die Akkulturationsprozesse, d. h. die kulturellen Veränderungen auf Seiten der Hakka ebenso wie auf Seiten der Basler Missionare.

[4] Bezüglich der Arbeit der Chinese Union siehe Jessie G. Lutz/R. Ray Lutz, Karl Gützlaff's Approach to Indigenization: The Chinese Union, in: Christianity in China: From the Eighteenth Century to the Present, hg. v. Daniel H. Bays, Stanford 1996, 269–291.

sionare in China, werden als Gründer der Tsung Tsin Mission Church angesehen, einer Kirche, die sich in der östlichen Guangdong-Provinz ausgebreitet hatte und heute noch in Hongkong existiert. Hambergs Wirken wurde jedoch oft von jenem Lechlers überschattet, da dieser länger in Südchina gewirkt hatte und daher mehr zum Aufbau der Kirche beitragen konnte. Die begrenzte Kenntnis der Arbeit Hambergs hat auch mit seiner schwedischen Herkunft zu tun. Wichtige Quellen wie etwa seine Korrespondenz mit seiner schwedischen Heimatbasis und seine Briefe an die Familie sind schwedisch und wurden deshalb von der missionshistorischen Forschung vernachlässigt. Erst seit Kurzem macht eine leider noch nicht publizierte englische Übersetzung einer bereits älteren Biographie Hambergs von Herman Schlyter (1952), *Theodor Hamberg, den förste svenske Kinamissionären*, zugänglich, was vorher nur jenen, die des Schwedischen kundig waren, offenstand.[5] Der vorliegende Artikel beabsichtigt nicht, Schlyters Hamberg-Biographie zu korrigieren, denn diese beruht bereits auf einer gründlichen Durchsicht der Basler und der Lunder Missionsarchive. Vielmehr analysiert er das Leben und Wirken Hambergs unter dem Aspekt der interkulturellen Schwierigkeiten und zieht dazu missionshistorische Literatur neueren Datums hinzu. Die missionsgeschichtliche Forschung hat sich mehr auf den angelsächsischen Bereich konzentriert, doch gibt es einige wichtige ältere sowie einige neuere Forschungen zur kontinental-europäischen Mission.[6] Besonders die Beiträge von Jessie Lutz und Jon Miller haben die kontinentale Mission auch im englischen Sprachraum besser bekannt gemacht. Für unseren Zusammenhang liefert vor allem die soziologische Studie von Miller über die BM in Westafrika (Ghana)

---

[5] Die englische Übersetzung von Göran Wiking war von der Tsung Tsin Mission in Hongkong in Auftrag gegeben worden und bildete die Basis für eine chinesische Übersetzung. Sie konnte für diesen Essay verwendet werden. Gewisse Zitate entstammen dieser nicht publizierten englischen Übersetzung. Die Anmerkungen richten sich nach dem schwedischen Original.

[6] Neben der quasi offiziellen Geschichte der Basler Mission von Wilhelm Schlatter, Geschichte der Basler Mission 1815–1915, Basel 1916, und Paul Eppler, Geschichte der Basler Mission 1815–1899, Basel 1900, ist eine andere wichtige Quelle für die Geschichte, die zur Gründung der BM führte, das Buch von Erich Schick, Vorboten und Bahnbrecher: Grundzüge der Evangelischen Missionsgeschichte bis zu den Anfängen der Basler Mission, Basel 1943. Neueren Datums verdienen besonders die Beiträge von Thoralf Klein über das Wirken der Basler Mission in China Beachtung. Neben der in Fußnote 3 erwähnten Studie weiter Thoralf Klein/Reinhard Zöllner (Hg.), Karl Gützlaff (1803–1851) und das Christentum in Ostasien. Ein Missionar zwischen den Kulturen, Sankt Augustin 2005. Auf englischer Seite sind insbesondere Jessie G. Lutz und Jon Miller zu erwähnen: Jessie G. Lutz/R. Ray Lutz, Karl Gützlaff's Approach to Indigenization: The Chinese Union, in: Bays (Hg.), Christianity in China, 269–291; und Lutz, Opening China; Jon Miller, Missionary Zeal and Institutional Control: Organizational Contradictions in the Basel Mission on the Gold Coast, 1828–1917, Grand Rapids/Cambridge u. a. 2003.

und über die sozialen Beziehungen der verschiedenen an der Mission beteiligten Akteure aufschlussreiche Vergleiche.

## 2. Die Basler Mission, Theodor Hamberg und die Hakka-Mission in China

Die 1815 gegründete Basler Mission (BM) entsprang einer Erweckungsbewegung, die gleichzeitig auch Menschen in Amerika, in England und im restlichen Europa berührte. Im Gegensatz zur anglo-amerikanischen Erweckung kann die kontinentale Erweckung des frühen 19. Jahrhunderts als Teil der konservativ-christlichen Reaktion auf die Aufklärung, den Industrialismus und die republikanischen und revolutionären Bewegungen der damaligen Zeit verstanden werden.[7] Diese kontinentale Erweckungsbewegung, Teil des Pietismus, blieb theologisch lutherischem und calvinistischem Glauben nahe und trennte sich nicht im gleichen Maße von den etablierten Kirchen, wie dies bei Erweckungsgruppen in anderen Kontexten geschah. Der Pietismus wollte stattdessen die bestehenden Kirchen beleben und betonte spirituelle Wiedergeburt, persönliches Bibelstudium, Disziplin, sozial-konservative Werte und ein starkes Engagement für die Mission. Die BM gehört gemeinsam mit der London Mission (LMS), der Church Missionary Society (CMS), dem American Board of Commissioners for Foreign Missions und der American Baptist Missionary Union zur ersten Generation protestantischer Missionen. Sie war ökumenisch gesinnt und arbeitete in der ersten Hälfte des 19. Jahrhunderts meist gut mit anderen Missionen zusammen, insbesondere mit der CMS.[8]

Die BM begegnete der Idee einer Mission in China mit Zögern.[9] Sie war bereits engagiert an der Goldküste Afrikas im heutigen Ghana und in Indien. Die begrenzten Ressourcen und die relativ schmale Unterstützungsbasis ließen es

---

[7] Ähnlich Miller, Missionary Zeal and Institutional Control, 96. Zu den sozial-emanzipativen Aspekten der anglo-amerikanischen Erweckungsbewegung siehe Donald W. Dayton, Discovering an Evangelical Heritage, New York 1976. Graham Maddox (Hg.), Political Writings of John Wesley, Durham 1998, 9–41, zeigt, wie sich bei Wesley explizit sozial-konservatives Denken mit einer implizit sozial-emanzipativen Perspektive verbindet.

[8] Paul Jenkins, The Church Missionary Society and the Basel Mission: An Early Experiment in Inter-European Cooperation, in: Kevin Ward/Brian Stanley (Hg.), The Church Mission Society and World Christianity 1799–1999, Grand Rapids 2000, 43–65; ebenso Schick, Vorboten und Bahnbrecher, 239, 264f.

[9] Die Diskussion über eine Mission in China hatte 1839 begonnen. Bereits seit 1835 stand Gützlaff im Briefwechsel mit Dr. Barth, einem Mitglied des BM-Vorstandes. Zum Entscheidungsprozess, der zu den Anfängen des Wirkens in China führte, siehe Schlatter, Geschichte II, 271–275.

dem Komitee fraglich erscheinen, ob die Aussendung von Missionaren nach China wirklich Gottes Willen für die Basler Mission entsprach. Die finanziellen Zwänge sollten in der Arbeit in China auch in der weiteren Folge eine Rolle spielen. Nach wiederholten Bitten Karl Gützlaffs willigte das Komitee der BM schließlich ein und entsandte Theodor Hamberg aus Schweden und Rudolf Lechler aus Süddeutschland als erste Missionare der BM nach China. Die beiden verließen Basel am 27. 10. 1846 und reisten durch das Mittelmeer, Ägypten und das Rote Meer nach Indien. Nach einer dreiwöchigen Pause in Indien setzten sie ihre Reise fort und erreichten Hongkong am 19. 3. 1847.

Theodor Hamberg wurde in die Familie eines Handelsschiffskapitäns in Stockholm geboren, doch verlor er seinen Vater bereits im Alter von 11 Jahren und verbrachte daraufhin einen wichtigen Teil seiner Jugend in der Familie des englischen Konsuls und Kaufmannes George Foy. Sein sozialer Hintergrund unterscheidet sich somit deutlich von jenem anderer Missionare der BM, die meist aus agrarischen oder kleinhandwerklichen Verhältnissen Württembergs kamen.[10] Diese Differenz trug zusätzlich zur Komplexität interkultureller Beziehungen bei. Im Alter von 23 Jahren erlebte Hamberg eine Bekehrung und kam durch eine Schrift der BM, in der diese Missionskandidaten suchte, mit dieser in Berührung. 1844 wurde Hamberg ins Basler Missionsseminar aufgenommen und drei Jahre später nach China entsandt.

Hamberg war der erste Missionar unter den Hakka, einer um Meixian und Heyuan, im bergigen Ostteil der heutigen Guangdong-Provinz lebenden chinesischen Volksgruppe. Lechler wurde zunächst zu den Hoklo gesandt, einer Volksgruppe an der Ostküste der Guangdong-Provinz, um die heutige Stadt Chaozhou. Erst im Dezember 1852, nach mehreren gescheiterten Versuchen, sich im Einzugsgebiet der Hoklo niederzulassen, gab Lechler auf und schloss sich Hamberg und der Hakka-Mission an. Sollte es eine Hierarchie zwischen den beiden geben, so müsste Hamberg als höherrangig angesehen werden, da er älter war und vom Heimatkomitee auch als solcher angesprochen wurde.[11] Hamberg wurde vor allem berühmt durch seinen Beitrag zum Verständnis der Taiping-Rebellion, zu der er Verbindungen hatte und die er in einer wichtigen Schrift beschrieb,[12] sowie

---

[10] Miller, Missionary Zeal and Institutional Control, 47. Siehe auch die Auflistung der sozialen Herkunft der ersten Missionare der BM in Westafrika, 54.

[11] Briefe von Inspektor Josenhans an Hamberg, Lechler und Winnes vom 30. 9. 1852 und 1. 10. 1852; siehe Herman Schlyter, Theodor Hamberg, Lund 1952, 168 (Anm. 20).

[12] Th. Hamberg (1854), The Visions of Hung-siu-tshuen and Origin of the Kwangsi Insurrection, Praeger 1968 (Repr. v. 1854). Hambergs Verbindungen zu den Taiping ergaben sich durch einen Cousin von Hong Xiu Quan.

durch ein Hakka-Wörterbuch, das eine wichtige Basis aller späteren Hakka-Linguistik bildet.[13] Da Hambergs Beschreibung der Ursprünge der Taiping in der diesbezüglichen Forschung bereits gut rezipiert wurde, ist sie nicht Gegenstand dieses Essays. Hamberg starb am 13. 5. 1854 an Durchfall und Dysenterie, nur sieben Jahre nach seiner Ankunft in China. Seine Ehefrau, die 1851 zu ihm gestoßen war, folgte ihm nur ein Jahr später, im August 1855, in den Tod. Die beiden kleinen Söhne des Ehepaars Hamberg waren bereits vor der Mutter verstorben, der eine auf der Heimreise von Hongkong nach Europa, der andere nach der Rückkehr nach Schweden im Juli 1855.

Die Hakka werden ethnisch ebenso wie die Hoklo den Han zugerechnet, doch sind sie linguistisch und kulturell von ihnen unterschieden.[14] Die Hakka betonten ihre Han-Identität und ihre Herkunft aus dem Kerngebiet Chinas, dem Gebiet um den Gelben Fluss.[15] Heutzutage finden sich die Hakka über mehrere Provinzen im Süden Chinas verstreut. Ihr Ursprung wird in mehreren Migrationswellen vermutet, die sie aus dem nördlichen Zentralchina in den Süden brachten, die erste möglicherweise um die Zeit der frühen Han, im 2. Jahrhundert vor Christus.[16] Als Einwanderer aus dem Norden waren sie auf die weniger fruchtbaren Berggebiete beschränkt und lebten oft in Konflikt mit den ansässigen Kantonesen (*bendi* oder *punti*, 本地人).

## 3. Probleme der interkulturellen Kommunikation

Während des Studiums am Missionsseminar in Basel erschien Hamberg als vielversprechender Kandidat, in den die Mission große Hoffnung setzte. Bald nach seiner Ankunft in Hongkong verschlechterte sich die Beziehung zwischen Hamberg und der Missionsleitung markant und ging durch einige ernsthafte Krisen. Diese Verschlechterung der Beziehung hatte teils mit vermeidbaren Fehlern bei-

---

[13] Hilary Chappell/Christine Lamarre, A Grammar and Lexicon of Hakka. Historical Materials from the Basel Mission Library, Paris 2005.

[14] Bezüglich der Hakka-Identität siehe Nicole Constable, Christianity and Hakka Identity, in: Christianity in China, hg. v. Bays, 158–179. Weiterführende Information bezüglich Kultur und Gesellschaft der Hakka findet sich an verschiedenen Orten, siehe etwa Jessie G. Lutz/Rolland Ray Lutz, Hakka Chinese Confront Protestant Christianity, 1850–1900, with the Autobiographies of Eight Hakka Christians and Commentary, New York 1998, 155–185.

[15] Constable, Christianity and Hakka Identity, 160.

[16] So die Theorie im historischen Museum von Heyuan. Siehe auch Klein, Die Basler Mission in Guangdong (Südchina) 1859–1931, 49; und Constable, Christianity and Hakka Identity, 160, die das 4. Jahrhundert n. Chr. erwähnen.

der Seiten zu tun, teils jedoch mit grundsätzlicheren Schwierigkeiten der interkulturellen Kommunikation. Im Folgenden sollen diese Schwierigkeiten geschildert werden.

## Kommunikation über räumliche und soziale Trennung hinweg

Das offensichtlichste und einfachste Problem, das die Beziehung zwischen Heimatkomitee und Missionar belastete, war, dass Kommunikation nur brieflich möglich war und dass ein Brief in der damaligen Zeit drei Monate brauchte, um seinen Empfänger zu erreichen.[17] Man stelle sich vor, wie ein Missionar jeweils ein halbes Jahr warten musste, um Antworten auf drängende Fragen bezüglich seines eigenen Lebens, bezüglich strategisch-missionarischer oder bezüglich finanzieller Entscheidungen erhalten zu können. Verschärfend kam hinzu, dass die Beziehung zwischen Missionar und Heimatkomitee strikt autoritär war. Das Komitee erwartete unbedingte Unterwerfung unter die Autorität des Komitees und die Missionare waren gewöhnlich uneingeschränkt bereit dazu. Die ungleiche Beziehung zwischen Komitee und Missionaren war getragen von einer sozialen Unterscheidung der Mitglieder der beiden Gruppen, der leitenden und dienenden, und von einer konservativen und patriarchalen Ordnungstheologie.[18] In den Briefen zwischen Hamberg und dem Komitee finden sich zahlreiche Hinweise, die sowohl Hambergs Bereitschaft zu solcher Unterwerfung zeigen wie auch die Erwartung strikten Gehorsams von Seiten des Inspektors.

Joseph Josenhans, Inspektor zur Zeit Hambergs, betont etwa, dass er als Inspektor absoluten Gehorsam erwarte und lieber keine Missionare habe als ungehorsame.[19] Josenhans selbst nannte es seinen erzieherischen Grundsatz, jeden einzelnen seiner Zöglinge einmal »furchtbar niederzuschmettern«.[20] Hamberg drückt seinen Gehorsam (und dessen Grenzen) in einem seiner Briefe so aus: »Dies kann nur geschehen, wie Sie zu Recht feststellen, indem ich als Untergebener dem entspreche, was der teure Committee in seiner Funktion als mein Vorgesetzter entscheidet. Und ich bin bereit, dies zu tun, soweit mein klares

---

[17] Schlyter, Theodor Hamberg, 68.
[18] Für eine ausführlichere Beschreibung dieser Beziehung siehe Miller, Missionary Zeal and Institutional Control, 35–60.
[19] Brief von Josenhans vom 15.11.1850; Schlyter, Theodor Hamberg, 130 (Anm. 44).
[20] Cornelia Vogelsanger, Pietismus und Afrikanische Kultur an der Goldküste: Die Einstellung der Basler Mission zur Haussklaverei, Zürich 1977, 59.

Gewissen dies erlaubt …, doch der teure Committee kann nicht erwarten, dass ich ihm mehr gehorche als Gott.«[21]

Doch wenn direkte Kommunikation mit den Vorgesetzten nur über sechsmonatige Intervalle möglich ist, kommt ein Missionar nicht umhin, wenigstens provisorisch unabhängige Entscheide zu fällen. Dieses Dilemma wurde besonders deutlich, als Hamberg vor der Frage stand, ob er während Gützlaffs Reise nach Europa im September 1849 die Leitung des Chinesischen Vereins übernehmen solle. Zum Zeitpunkt, da Gützlaff ihn dazu einlud, war Hamberg dem Verein gegenüber bereits kritisch eingestellt, denn es war offensichtlich, dass viele der lokalen Evangelisten ihre Arbeit nicht wirklich besorgten, sondern das Vertrauen Gützlaffs ausnutzten und die Traktate, die sie zu verteilen beauftragt waren, stattdessen dem Drucker zurückverkauften, um sich mit fingierten Berichten über ihre Evangelisierungsarbeit im Innern Chinas bei Gützlaff zurückzumelden. Doch war Hamberg noch nicht bereit, den Chinesischen Verein völlig aufzugeben. Stattdessen hoffte er, dieses sinnvolle Instrument der Indigenisierung der Evangelisationsarbeit reformieren zu können. Darüber hinaus fühlte sich Hamberg Gützlaff persönlich verbunden und wollte ihn nicht enttäuschen. Hamberg wusste, dass er erst in einem halben Jahr Weisung vom Basler Heimatkomitee erhalten konnte und musste alleine eine Entscheidung finden. Er entschloss sich, die Leitung des Chinesischen Vereins zu akzeptieren – nur um ein halbes Jahr später zu erfahren, dass das Komitee gegenteilig entschieden hatte. Basel konnte nicht verstehen, wie Hamberg in seinen Briefen so viel Kritik an Gützlaff vorbringen und ihn doch gleichzeitig unterstützen und die Leitung von ihm übernehmen konnte. Sie fanden Hamberg verwirrt und verstanden seine Entscheidung als direkte Auflehnung gegenüber ihrer Autorität.[22]

Obwohl Hamberg sich der Führung des Komitees offensichtlich unterordnete, hatte die Wahrnehmung des Komitees selbst einen Kern Wahrheit. Hamberg entsprach, wie bereits angedeutet, in einiger Hinsicht nicht dem üblichen Bild des Missionars. Sein sozialer Hintergrund war anders als derjenige der meisten anderen Missionare, und seine Freundschaft mit der Familie des britischen Konsuls in Schweden prägte wohl sein Selbstverständnis. Seine Frömmigkeit wurde von den Erweckungspredigern George Scott und Carl Olof Rosenius beeinflusst und unterschied sich von der konservativ geprägten Erweckungsfrömmigkeit Deutsch-

---

[21] Schlyter, Theodor Hamberg, 121 [Rückübersetzung aus dem Englischen: T. B.].
[22] Ebd. 183.

lands, die Autorität und Gehorsam stärker betonte. Der schwedische Pietismus ging Hand in Hand mit politischer Reform und war politisch demokratisch gesinnt.[23] Die Basler Mission erwartete von Missionaren, dass sie mit der Vergangenheit radikal brechen würden, so wie es bereits in den von Christian Gottlieb Blumhardt, dem ersten Inspektor der BM, verfassten Hausregeln festgehalten war: Missionare seien »losgerissen von ihren früheren Verbindungen und sich selbst überlassen«.[24] Die später von Josenhans ausgebauten Hausregeln unterstrichen die von den Missionaren geforderte strikte Unterordnung noch viel deutlicher. Jedenfalls musste das Komitee in diesem Punkt angesichts Hambergs anhaltenden unabhängigen Kontaktes mit seinen schwedischen Unterstützungskreisen und Freunden, insbesondere der Familie seiner Verlobten (mehr dazu unten), ein Gefühl des Scheiterns empfinden.

Die ungleiche Beziehung zwischen dem Basler Komitee (insbesondere dem Inspektor) und den Missionaren wurde weiter dadurch belastet, dass es sich nicht einfach um eine rein funktionale Beziehung handelte, sondern dass diese als familiäre Beziehung beschrieben wurde: Der unbeschränkten Unterwerfung seitens des Missionars entsprach die väterliche Sorge seitens des Inspektors und des Komitees.[25] Josenhans schien das väterliche Bild besonders markant zu verkörpern. Er wurde beschrieben als jemand, der »in der patriarchalischen Welt der Basler Mission eine überdimensionierte Vatergestalt [verkörperte], die Furcht und Liebe, Bestrafung und Gnade austeilte wie der alttestamentliche Gott, dem er sich verantwortlich wusste«.[26] Man mag erahnen, dass Hamberg einer solch väterlichen Autorität gegenüber ambivalente Gefühle hegte: Auf der einen Seite mag er, der seinen Vater in jungen Jahren verloren hatte, sich nach einem Vater gesehnt haben; auf der anderen Seite darf es für ihn schwierig gewesen sein, jemanden zu akzeptieren, der da mit dem Anspruch väterlicher Autorität in sein Leben trat. Es ist denkbar, dass der Konflikt auch ein Element der Rebellion gegen väterliche Autorität enthielt.

---

[23] George M. Stephenson, The Religious Aspects of Swedish Immigration, Minnesota 1932, 25. Zu Scott und Rosenius siehe auch Sven Lodin, Carl Olof Rosenius. Der schwedische Erweckungsprediger, Groß Oesingen 2009, 95–147, insbesondere 144–147.

[24] Christian Gottlieb Blumhardt, Hausordnung, zitiert nach: Schlatter, Geschichte I, 67.

[25] Schlatter, Geschichte I, 233.

[26] Vogelsanger, Pietismus und Afrikanische Kultur an der Goldküste, 60.

## Sprachliche Schwierigkeiten

Hamberg war ein Linguist, der über weitreichende Sprachkenntnisse verfügte. Seine Muttersprache war Schwedisch, doch sprach er auch Deutsch, Französisch und Englisch. Zudem hatte er Latein, Griechisch und Portugiesisch gelernt.[27] Während seiner Reise nach Hongkong, auf der langen Bootsfahrt von Bombay nach Hongkong, begann er mit Hilfe von zwei Sprachlehrern mit dem chinesischen Sprachstudium;[28] nach seiner Ankunft in Hongkong folgte er der Aufforderung Gützlaffs und begann, Hakka zu lernen.[29] Später studierte er auch noch Mandarin.[30] Sein Beitrag zum Gebiet der Linguistik ist besonders deshalb bemerkenswert, da er der erste Mensch aus dem Westen war, der sich um die Sprache der Hakka bemühte.[31] Nach seinem Tod zollten viele Menschen seinem ausgezeichneten Hakka Anerkennung.[32]

Doch trotz Hambergs offensichtlicher linguistischer Gaben blieb Sprache immer auch ein Hindernis in der Verständigung mit dem Komitee. Besonders belastend wirkte, dass Hambergs Muttersprache nicht Deutsch war. Obwohl sein schriftliches und mündliches Deutsch gut waren, fragte er sich gelegentlich selbst, ob einige der Missverständnisse mit dem Komitee nicht von seinem schriftlichen Ausdruck herrührten. Das Komitee dachte ebenso und wies ihn darauf hin, dass sein schriftlicher Ausdruck zu Missverständnissen führe. An einem Punkt baten sie ihn sogar, seine Briefe vor dem Absenden von seinen Mitarbeitern Lechler oder Winnes gegenlesen zu lassen.[33] Sprachliche Missverständnisse und Unklarheiten oder schlicht der ständige Zweifel, ob das Gegenüber recht verstanden wird, sind typische Probleme interkultureller Kommunikation. Es fällt auf, dass nichts von solchen Schwierigkeiten innerhalb der Beziehung zwischen Hamberg und Lechler oder aus der Zeit, da Hamberg im Missionsseminar studierte, bekannt ist. Erst die Beschränkung auf schriftlichen Aus-

---

[27] Empfehlungsbrief von Fjellstedt, einem schwedischen Missionar, zuhanden der BM, zitiert aus Schlyter, Theodor Hamberg, 26.

[28] Schlyter, Theodor Hamberg, 51. Es ist nicht bekannt, um welche chinesische Sprache es sich dabei handelte.

[29] Ebd. 59.

[30] Ebd. 81.

[31] Ebd. 213.

[32] James Legge, Missionar der LMS und später Professor für Chinesisch an der Oxford Universität, wird mit folgenden Worten zitiert: »The progress he had made in terms of language skills was very good.« Zitiert nach Schlyter, Theodor Hamberg, 213 [engl. Übersetzung: G. W.].

[33] Brief von Josenhans an Hamberg vom 28. 4. 1853; siehe Schlyter, Theodor Hamberg, 186.

druck und die geographische Distanz ließen dies zu einem Problem der Verständigung werden.

Dazu kam noch ein anderer Aspekt: Verständigung basiert auf gegenseitigem Vertrauen. In der Beziehung zwischen Hamberg und dem Komitee war dieses Vertrauen ursprünglich durchaus gegeben und wurde während der Zeit der Missionarsausbildung noch gestärkt. Doch wenn einmal Sprünge in solchem Vertrauen auftauchen und sich Zweifel an der Weisheit und Entscheidungsfähigkeit des Gegenübers einschleichen, schwindet das Vertrauen und alle weitere Kommunikation wird davon betroffen. In normalen Umständen können solche Risse einfach durch ein klärendes Gespräch geheilt werden. Doch wenn die geographische Distanz solch eine klärende Begegnung verunmöglicht, kann der Vertrauensschwund eine Eigendynamik annehmen, die alle zukünftige Kommunikation erschwert. Hamberg bittet seine Vorgesetzten deshalb, seine Briefe mit Liebe zu lesen, denn diese seien vom Charakter eines Menschen her zu verstehen, nicht umgekehrt. Er war überzeugt, dass eine gute Beziehung durch ein kurzes Gespräch bald wiederhergestellt wäre.[34] Ähnliches geschieht auch heute noch im Falle strikter Trennung, wie Erfahrungen aus dem Leben von Gefängnisinsassen zeigen: Getrennt von der Familie und der freien und ungehinderten Kommunikation beraubt, können kleine Missverständnisse zu großen Problemen heranwachsen.

## Strategische Fragen

Während der ersten vier von Hambergs insgesamt sieben Jahren in Hongkong war die Beziehung zu Gützlaff das alles beherrschende Thema seiner Arbeit. Dabei ging es nicht so sehr um die Frage des persönlichen Verhältnisses als um strategische Fragen. Bereits wenige Monate nach seiner Ankunft in Hongkong begann Hamberg festzustellen, wie die lokalen Evangelisten des Chinesischen Vereins die Organisation offensichtlich hintergingen (siehe oben). Seine Kritik an Gützlaffs Strategie, sich in der eigentlichen Evangelisationsarbeit ganz auf diese Mitarbeiter zu stützen, wuchs deshalb kontinuierlich. Doch fühlte er sich gleichzeitig persönlich verbunden mit Gützlaff und genoss es, in seinem Haus zu

---

[34] Brief von Hamberg vom 28.12.1852; Schlyter, Theodor Hamberg, 183.

verweilen.[35] Die strategische Frage hatte, wie wir sehen werden, wiederum auch mit interkulturellen Differenzen zu tun.

Gützlaff war der erste Deutsche und der erste lutherische Missionar in China und sein Pietismus stand demjenigen der BM nahe. Die Missionare der BM sollten der Leitung Gützlaffs unterstehen.[36] Deshalb sahen sich diese, zumindest anfänglich, klar Gützlaffs missionarischer Strategie verpflichtet.

Gützlaffs Strategie beruhte auf den folgenden Grundsätzen:[37]

1. Nicht Ausländer, sondern Chinesen sollten die Bekehrung Chinas bewirken.[38] Missionaren sollte nur eine Hilfsfunktion zukommen.

2. Westliche Missionare sollten sich weitgehend auf die Mitarbeit lokaler Evangelisten stützen und die Verantwortung so bald als möglich diesen übergeben.[39] Zu diesem Zweck wurden lokale Mitarbeiter im Chinesischen Verein zusammengezogen und ausgebildet. Die Aufgabe der westlichen Missionare bestand wesentlich darin, diese lokalen Prediger zu unterweisen und in ihrer Arbeit anzuleiten.

3. Die Missionsarbeit sollte auf ganz China zielen. Missionare sollten das Küstengebiet so schnell wie möglich verlassen, um im Innenland zu arbeiten.

4. Westliche Missionare sollten ganz chinesisch werden und sich vollständig, inklusive Kleidung, Haartracht und Essgewohnheiten, dem lokalen Lebensstil anpassen.[40]

5. Übernachtungsstätten sind zu mieten, nicht zu kaufen, und die Errichtung von Missionsstationen ist zu vermeiden. Stattdessen sollten sich Missionare als Wanderprediger betätigen.[41]

---

[35] Hamberg schrieb im August 1849 an seine Mutter, dass das Haus der Gützlaffs für ihn das einzige Haus in Hongkong war, wo er soziale Gesellschaft genießen konnte; siehe Schlyter, Theodor Hamberg, 91.

[36] Ebd. 49f.

[37] Bezüglich Gützlaffs Missionsstrategie und der Arbeit der Chinesischen Union siehe Lutz/Lutz, Karl Gützlaff's Approach to Indigenization, 269–291; oder Lutz, Opening China, 215–258; weiter Gerhard Tiedemann, Missionarischer Einzelgänger oder Visionär? Die Missionsmethoden Gützlaffs, in: Klein/Zöllner, Karl Gützlaff (1803–1851) und das Christentum in Ostasien, 193–231.

[38] Lutz/Lutz, Karl Gützlaff's Approach to Indigenization, 270.

[39] Siehe auch die Beschreibung der Arbeitsweise der Chinesischen Union in einem Brief Hambergs an die Schwedische Missionsgesellschaft; Schlyter, Theodor Hamberg, 57f.

[40] Lutz/Lutz, Karl Gützlaff's Approach to Indigenization, 271; Schlyter, Theodor Hamberg, 57. Kurz nach seiner Ankunft schrieb Hamberg in einem Brief an seine Mutter: »[We have] given up the use of knife and fork and now eat with wood sticks, similar to but slightly longer than pencils, which are held between the thumb and the 3rd and 4th finger, and then you pick up the food as if with a pair of pliers. ... As soon as we understand the language a bit, we shall put on Chinese dress and shave the hair, leaving only an amount in the neck needed for a tail« [engl. Übersetzung: G. W.]. Ebd.

[41] Schlyter, Theodor Hamberg, 42f., 54–56.

6. Missionarische Arbeit soll auf Predigt und weiträumige Evangelisation zielen und die langsame und aufwendige Errichtung von Schulen und Spitälern vermeiden.[42]

Kulturell und theologisch standen Gützlaff und die mit ihm zusammenarbeitenden BM-Missionare im Kontrast zur stärker stationären Vorgehensweise der englischen Missionare von LMS und CMS, die Gützlaff verächtlich ›gentleman missions‹ nannte.[43]

Als Hamberg begann, die Schwächen der Evangelisten des Chinesischen Vereins zu erkennen und sich von ihnen zu distanzieren, kam er in einen Loyalitätskonflikt mit Gützlaff. Dieser Konflikt spitzte sich weiter zu, als englische Missionare, allen voran James Legge und J. F. Cleland von der LMS ihre Kritik an Gützlaff und dem Chinesischen Verein verschärften. Hamberg und Lechler standen zwischen den unterschiedlichen Strategien und Missionskulturen: Sie teilten weitgehend die Kritik der englischen Missionare an Gützlaff, doch fühlten sie sich ihm loyal verbunden und verteidigten ihn gegenüber den anderen Missionaren. Zu diesem Zweck schrieben sie auch an die Missionskomitees in London.[44]

Dass Hamberg Gützlaffs Einladung akzeptierte, den Chinesischen Verein während seiner Werbereise nach Europa zu leiten, ist Ausdruck dieses Loyalitätskonfliktes. So übernahm Hamberg im September 1849 gegen seine eigenen Bedenken die Leitung des Vereins. Als die englischen Missionare, angeführt von Legge und in Zusammenarbeit mit Hamberg, Glaubensleben und Leistungen der Mitarbeiter des Chinesischen Vereins einer kritischen Prüfung unterzogen, war das Ergebnis ernüchternd.[45] Das brachte Hamberg in Verlegenheit, denn er wollte nicht dafür verantwortlich sein, den Verein aufzulösen, sondern glaubte weiterhin an eine Reform der Gruppe, wenn nur die wenigen brauchbaren Mitarbeiter dazu gebracht werden könnten, ihre Fehler einzugestehen und die Evangelisation Chinas danach weiterzuführen.

Als Folge dieses Konfliktes und in Anbetracht der offensichtlichen Schwäche von Gützlaffs Schnellevangelisierung, begann Hamberg, weiterhin beeinflusst von Gützlaffs Prinzipien, seine eigene missionarische Strategie zu entwickeln

---

[42] Lutz/Lutz, Karl Gützlaff's Approach to Indigenization, 271.
[43] Schlyter, Theodor Hamberg, 71.
[44] Ebd. 81.
[45] Siehe das Protokoll der Sitzung, die vom 20.2.1850 an mehrere Tage dauerte, teils abgedruckt in Klein/Zöllner, Karl Gützlaff (1803–1851) und das Christentum in Ostasien, 339–347. Die Sitzung fand im Haus von Hamberg statt. Siehe dazu weiter Lutz/Lutz, Karl Gützlaff's Approach to Indigenization, 275.

und diese an die Realitäten des Missionsfeldes anzupassen. Dies brachte Hamberg der mehr stationären Strategie der englischen Missionare näher. Hamberg behielt die Idee der Inlandmission bei, doch verabschiedete er sich von der Idee, weitgehend als Wanderprediger zu arbeiten. Im Gegensatz zu Gützlaff zielte er zudem auf die Gewinnung von Familien anstatt von Individuen. Er sah ein, dass die Familie und die erweiterte Sippschaft die wichtigsten gesellschaftlichen Säulen in China waren.[46] Da er als Mann ungeeignet war, mit Frauen zu kommunizieren, konnte er Familien nur erreichen, indem die Mission Schulen und Gesundheitsdienste und damit eigentliche Missionsstationen errichtete und/oder indem er eine Frau fand, die ihn in der missionarischen Arbeit unterstützte und den Frauen das Evangelium verkündete. Als Hamberg sich mit diesen Gedanken an die BM wandte, konnte diese seinen Sinneswandel nicht verstehen und wies ihn zurück.[47] Obwohl die Kritik an Gützlaff auch nach Europa reichte und sich viele Freunde der Mission enttäuscht von ihm abwandten, prägten Gützlaffs strategische Prinzipien die Arbeit der BM weiterhin.

## Spirituelle, theologische und kulturelle Spannungen und Persönlichkeitsdifferenzen

Die strategischen Differenzen zwischen Gützlaff und Hamberg, zwischen Hamberg und der BM und zwischen Hamberg und den englischen Missionaren spiegelten sowohl unterschiedliche Persönlichkeiten als auch Unterschiede in ihren Frömmigkeiten, in ihren Grundüberzeugungen und in ihrem organisatorischen Hintergrund. BM und Gützlaff wurzelten im deutschen Pietismus, während Hamberg, obwohl ebenso lutherisch, vom schwedischen Pietismus geprägt war. Dagegen kamen die englischen und amerikanischen Missionare, denen Gützlaff und Hamberg in ihrer Missionsarbeit begegneten, von der anglo-amerikanischen Erweckungsbewegung. Pietistische Frömmigkeit war quietistischer als ihr anglo-amerikanisches Gegenüber; sie betonte stärker die mystische Gemeinschaft mit Gott und die Abwendung von der Welt: Glaube manifestiert sich in einem Bruch mit der Welt, der sich durch Buße und Vergebung ausdrückt.[48] Demgegenüber hatte die anglo-amerikanische Erweckungsfrömmigkeit ein stärker aktivistisches Element, das in gesellschaftlicher Teilnahme resultierte. Diese Differen-

---

[46] Schlyter, Theodor Hamberg, 211.
[47] Brief an Hamberg vom 30.1.1850, ebd. 99.
[48] Ebd. 31.

zen waren nicht nur spiritueller Natur, sondern hatten auch ekklesiologische und theologische Seiten, wie eine informelle Befragung zeigte, die ein Inspektor der BM über sich ergehen lassen musste, als er Vertreter der CMS in England besuchte.[49] Trotz der insgesamt guten Zusammenarbeit zwischen den verschiedenen Missionsgesellschaften hatte das nationale Element immer auch eine trennende Wirkung, die sich durch das 19. Jahrhundert hindurch noch verstärkte.[50]

Doch bestanden Differenzen nicht nur in Frömmigkeit, Theologie und soziokulturellem Hintergrund. Es gab ebenso Differenzen bei Missionaren desselben Hintergrundes, etwa Differenzen der Persönlichkeit und der institutionellen Verankerung. Gützlaff zielte darauf, durch schnelle Evangelisierung, allenfalls auch auf Kosten einer klaren Prüfung der Mitarbeiter, das ganze Land zu erreichen. Er sah sich nicht nur gemäß dem Ideal pietistischer Demut als unbedeutendes Werkzeug in der Hand Gottes, sondern ebenso gemäß dem des romantischen Helden als Apostel berufen zur Bekehrung Chinas und ganz Ostasiens.[51] Um dieses große Ziel zu erreichen, entwarf Gützlaff eine Strategie von fortschrittlichen missionarischen Prinzipien, die seiner Zeit weit voraus waren. Doch seine Überzeugung und sein Vertrauen in das eigene Urteilsvermögen machten ihn blind dafür, dass seine Pläne mit der Realität in Konflikt standen.

Einer der Gründe für solche Blindheit – und einer der unversöhnbaren Differenzen zwischen Gützlaff und Hamberg – war, dass Gützlaff, unabhängig und enthusiastisch, gewohnt war, auf eigene Faust zu operieren und sich nur Gott gegenüber Rechenschaft schuldig zu sehen. Hamberg blieb dagegen immer einer Missionsgesellschaft verbunden und musste sich einem Komitee gegenüber verantworten. Schlyter urteilt zu Recht, dass Gützlaff den ›Gesellschaftsmissionar‹ Hamberg insgesamt schlicht nicht verstehen konnte.[52] Die Entfremdung zwischen den beiden verschärfte sich weiter, als Hambergs Kritik an der Gützlaff'schen Schnellevangelisierung wuchs. Hamberg betonte die Notwendigkeit einer soliden christlichen Bildung und eines gründlichen Sündenverständnisses.

Trotz dieser Widersprüche blieben sich Hamberg und Gützlaff in anderer Hinsicht nahe. Von deutschem und schwedischem Hintergrund und weitgehend unterstützt von diesen Ländern blieben sie von den englischen Missionaren getrennt, die sich in der britischen Kolonie Hongkong natürlich heimischer fühl-

---

[49] Jenkins, The Church Missionary Society and the Basel Mission, 59.
[50] Tiedemann, Missionarischer Einzelgänger oder Visionär?, 210f.
[51] Lutz, Opening China, 30.
[52] Schlyter, Theodor Hamberg, 135.

ten.[53] Weder die insgesamt gute Beziehung zwischen den verschiedenen Missionaren noch der erfolgreiche Eintritt Gützlaffs in den Regierungsdienst konnten überdecken, dass Gützlaff und Hamberg beide kulturelle Außenseiter blieben.[54] Engländer bewegten sich mit einem anderen Selbstverständnis und in ständigem Vertrauen auf die koloniale Macht des British Empire.

Ein weiterer Punkt verdient schließlich Erwähnung: Einsamkeit ist wohl in jedem Missionarsleben ein Thema. Das Gefühl, selbst im kleinen Kreis der eigenen Freunde fremd zu sein, intensiviert die Einsamkeit noch. Ein Weg, diese Einsamkeit zu überwinden, ist die Gründung einer Familie. Hamberg drängte sehr früh darauf, dass ihm das Komitee erlaube zu heiraten. Wie erwähnt verstieß ein Missionar, der sich ohne Erlaubnis des Komitees verlobte, gegen die Grundregeln der Mission. Das Komitee der BM zog ledige Missionare vor, die bereit waren, »ihre eigenen Wünsche und Bedürfnisse wie auch ihr Leben dem Herrn zum Opfer zu bringen«.[55] Für Hamberg war die wiederholte Ablehnung seines Antrags zu heiraten eine ständige Frustration. Die Ablehnung seitens des Komitees war nicht ohne Grund: Zum Teil befürchteten sie, dass eine Heirat eine zusätzliche Last bedeutete und die Flexibilität und Wirksamkeit ihres Missionars einschränken würde; eine Frau würde Hamberg von seiner Tätigkeit als Wanderprediger abhalten. Zum anderen waren sie unglücklich darüber, dass Hamberg sich noch vor seiner Abfahrt ohne Einwilligung des Komitees verlobt hatte. In seiner Frustration fand Hamberg Trost bei Gützlaff, der ihn unterstützte und ihm versprach, seine Verlobte, Louise Motander, bei seiner Rückkehr von Europa mit nach Hongkong zu bringen. Es geschah zwar nicht wie geplant, da Louise Motander zu spät in Genf ankam und Gützlaff verpasste.[56] Doch die Unterstützung, die Gützlaff Hamberg in dieser Hinsicht gab, bedeutete Hamberg viel. Er wusste zum damaligen Zeitpunkt noch nicht, dass Gützlaff sich beim Heimatkomitee schwer über Hamberg beklagte und ihn beschuldigte, den Chinesischen Verein zu zerstören.[57] Wie auch immer, Hamberg gelang es schließlich, das Komitee zu überzeugen, in die Heirat einzuwilligen.

[53] Lutz, Opening China, 257.
[54] Ebd. 114.
[55] Waltraud Haas-Lill, Die Missionarin in der Geschichte der Basler Mission, in: Texte und Dokumente Nr. 12. Missionsgeschichte aus der Sicht der Frau, hg. v. Basler Mission, 14.
[56] Schlyter, Theodor Hamberg, 125.
[57] Auszug aus dem Protokoll des Komitees der Basler Mission vom 6.11.1850.

# 4. Abschließende Gedanken

Der letzte Abschnitt zeigte ein weites Feld von Spannungen und Missverständnissen zwischen Missionaren und Lokalbevölkerung, zwischen Missionaren und Komitee sowie zwischen den Missionaren der verschiedenen Gesellschaften. Ein Gefühl der mangelnden Zugehörigkeit, der Entfremdung von der Heimat, des ständigen Außenseitertums am Ort ihres Wirkens und das Gefühl, gleichsam zwischen verschiedenen Welten zu stehen, prägte das Leben der frühen Missionare. Ich möchte mit drei Bemerkungen schließen:

Erstens gab es nicht nur Fremdheitserfahrungen, sondern ebenso die Erfahrung einer Kongruenz der verschiedenen Welten. Die frühen Missionare der BM kamen, wie wir gesehen haben, meist aus den ländlichen Gebieten Südwestdeutschlands. Das einfache Leben der Dorfbewohner zog sie an; dem von Materialismus geprägten Stadtleben begegneten sie mit Skepsis. Dies ist nicht eine retrospektive Projektion, sondern findet in einem der Briefe Hambergs Ausdruck: »Da Hongkong ein wahres Nest ist für Seeräuber, Diebe, Huren und alle Sittenlosigkeit, und die wenigen Christen mitten unter solchen Gräueln der Sünde leben müssen, so ist kaum zu erwarten, dass hier in Hongkong eine bedeutendere Gemeinde je entstehen wird, die wirklich von der sie umgebenden Sünde sich losmacht und in Gott erstarke.« Im Gegensatz dazu darf man sich auf dem Festland, wo Familien unter strenger gemeinschaftlicher Überwachung lebten und »jeder seinen Beruf und seine Beschäftigung hat, … freuen über die Taufe einer Familie, die ihre Götzen mir aushändigt und sich selbst dem Herrn übergibt …«[58] Hamberg setzte seine Hoffnung deshalb auf die Familien im Innenland und sah kirchliche Wachstumsperspektive in der sozial stabilen bäuerlichen Gesellschaft.

Zweitens ist die Arbeit der BM unter den Hakka in der Frühzeit trotz enormer Schwierigkeiten und Rückschlägen verglichen mit der Arbeit anderer Missionsgesellschaften erfolgreich.[59] Es würde weitere Untersuchungen erfordern zu erklären, weshalb die Hakka der christlichen Verkündigung gegenüber offen waren. Hier sollen zwei Hinweise genügen. Im Allgemeinen war die protestantische Mission weitgehend eine Mission von unten, die darauf zielte, nicht so sehr die gesellschaftliche Elite als die einfachen Leute zu erreichen. Diese Zuwendung zu

---

[58] Brief von Hamberg vom 29.10.1852. Nr. 16. Aus: Der Evangelische Heidenbote, April 1853, 31.
[59] Schlatter, Geschichte II, 300, beschreibt, dass von den 21 verschiedenen in China tätigen Missionsgesellschaften die BM zur Frühzeit die höchste Zahl an Konvertiten hatte – 205, verglichen mit 160 der LMS, 93 für den American Board of Mission und 85 für die Barmen Mission (Rhenish Mission).

den einfachen Menschen wirkte auf viele attraktiv. Ein anderer Grund liegt in der Natur der Hakka. Wie erwähnt, waren die Hakka kulturell und wirtschaftlich marginalisiert und mussten im weniger fruchtbaren Berggebiet Guangdongs leben. Sie standen in ständigem Konflikt mit den wohlhabenderen Kantonesisch sprechenden Punti. Die Begegnung mit der christlichen Mission ermöglichte es den Hakka, gesellschaftlichen Vorteil zu finden und sozial aufzusteigen.

Drittens ist der am Beispiel Hambergs beschriebene emotionale Schmerz, zwischen verschiedenen Welten zu stehen, zwar verständlich, doch sollte dieser Schmerz nicht nur negativ beschrieben werden, sondern positiv als Ort, wo fruchtbare theologische Reflexion und spirituelle Erneuerung geschehen können. Paul Tillich schrieb einmal: »Die Grenze ist der eigentlich fruchtbare Ort der Erkenntnis«[60] Tillich selbst machte eine ähnliche Erfahrung der Heimatlosigkeit, nachdem er 1933 das von den Nationalsozialisten regierte Deutschland verlassen musste und in die USA emigrierte. Er musste sich in neuem Kontext quasi neu erfinden und sein Wissen in eine neue Welt übersetzen. Doch die Erfahrung ließ ihn erkennen, wie die Position des Dazwischenstehens oder des Grenzganges ein wichtiger Ausgangspunkt für theologische Erkenntnis und mehr noch ein fruchtbarer Ort ist, um den eigenen Glauben zu vertiefen.

Die frühen Missionare fanden eine Art Heimat in der Heimatlosigkeit – weder von der einheimischen Bevölkerung noch von den Menschen zu Hause gänzlich verstanden. Diese Fremdheitserfahrung in der Welt und die Sehnsucht nach ungebrochener Zugehörigkeit und Verständigung brachte sie einem Verständnis dessen näher, was himmlische Heimat bedeuten könnte.

Zum Schluss: Es wäre ein Kurzschluss, die obigen Gedanken zu Hamberg als Überlegungen auf dem Hintergrund ähnlicher biographischer Erfahrungen eines modernen ökumenischen Mitarbeiters zu lesen. Moderne Kommunikations- und Verkehrsmittel haben den Austausch mit der Heimat sehr vereinfacht. Gleichzeitig ist Erfahrung von Heimatlosigkeit im Kontext der Moderne nicht mehr so sehr auf fremde Orte beschränkt, sondern prägt viele Menschen in ihrem eigenen Kontext.

(Dr. Tobias Brandner ist Assistant Professor an der Divinity School of Chung Chi College, Chinese University of Hong Kong, und unterrichtet Westliche Kirchengeschichte, Missionswissenschaft und Ökumenewissenschaft)

[60] Paul Tillich, On the Boundary. An Autobiographical Sketch, in: Ders., The Interpretation of History, Charles Scribner's Sons 1936, 3: »The border line is the truly propitious place for acquiring knowledge.«

**ABSTRACT**

The essay discusses issues in the intercultural encounters of the early missionaries, particularly a) the relationship and tensions between missionaries and their sending bodies, and b) the relationship among missionaries of different agencies in the mission field. The paper explores how the missionary becomes someone ›in-between‹, without belonging here or there, neither fully retaining the home perspective nor fully becoming indigenous. The paper suggests that we should understand the intercultural missionary relationship network not as a dyadic, but as a triadic structure of sending agency, place of activity, and the missionary ›caught in the middle‹. The essay develops this claim by introducing issues of interculturality in the early ministry of the Basel Mission among the Hakka people in Hong Kong and eastern Guangdong Province, with a focus on the short but significant ministry of Theodor Hamberg (1819–1854) who, with Rudolf Lechler, is regarded as the first Basel missionary to China, but whose contribution has often been overshadowed by the latter's much longer service in the mission field.

*Es mag überraschen, dass in dieser Rubrik ein Text folgt, der eigentlich eine ausführliche Rezension ist. Dass ein türkischer islamischer Wissenschaftler über christliche Mission und Missionswissenschaft schreibt, schien uns indessen von höchstem Interesse für unsere Leserinnen und Leser. Wir können nicht davon ausgehen, dass eine genügend große Anzahl von Ihnen fließend Türkisch kann. Das wäre aber Bedingung dafür, eine Rezension sinnvoll als solche zu publizieren: Sie sollte wenigstens den an der Sache interessierten Leserinnen und Lesern Anlass geben, das besprochene Buch selbst zu lesen und die eigenen Eindrücke mit denen des Verfassers zu vergleichen.*

*Wolfgang Häde, der Verfasser des nun folgenden Textes, lebt seit zwölf Jahren in der Türkei. Wir sind ihm sehr dankbar für seine sorgfältige Lektüre und Darstellung dessen, wie Süleyman Turan christliche Mission wahrnimmt. Häde sieht das Buch – bei allen kritischen Rückfragen – als ein Zeichen der Hoffnung. Er wertet es als Indiz dafür, dass auch in der Türkei das Interesse besteht, andere religiöse Traditionen verstehen zu wollen, anstatt sich im Dienst der eigenen politischen Agenda mit einer Karikatur zufriedenzugeben. So ermöglicht er uns einen Einblick in einen Dialog zwischen Angehörigen unterschiedlicher Religionsgemeinschaften mitten in einem Umfeld, das mit Blick auf die aktuellen Medienberichte ja eher als spannungsvoll bezeichnet werden muss (bs).*

# Christliche Missiologie als Feld christlich-islamischen Dialogs

Beobachtungen und Überlegungen zu: Süleyman Turan, Misyoloji. *Hıristiyan Misyon Bilimi. Tarihsel, Teorik ve Pratik Boyutlarıyla* [Missiologie. Christliche Missionswissenschaft mit ihren historischen, theoretischen und praktischen Dimensionen], Ankara: Sarkaç 2011, 310 S.

*Wolfgang Härle*

## Die Diskussion in der Türkei über »Mission«

Seit 2001 bin ich mit meiner aus der Türkei stammenden Frau im kirchlichen Dienst im Rahmen der türkisch-protestantischen Gemeinden in der Türkei tätig. Die Diskussion über »misyonerlik« (»Mission/Missionsarbeit«)[1] gehört schon lange zum Repertoire islamischer Polemik gegen Christen. Wir wurden besonders in den Jahren 2004/2005 davon Zeuge, wie dieses Thema in der Türkei wochenlang Inhalt intensiver Auseinandersetzungen in Presse und Fernsehen war.

Schon 2001 hatte der türkische Autor Ergün Poyraz sein Buch »Sechs Monate unter Missionaren« veröffentlicht.[2] Poyraz, der vorher durch »Enthüllungsbücher« zu politischen Themen hervorgetreten war, schildert in seinem Buch christliche Missionare als Teil eines großen Netzwerkes zur Aufspaltung und letztlich Zerstörung der Türkei. Poyraz' Analyse beeinflusste auch staatliche Organe. Im Dezember 2001 verwies die Tageszeitung Sabah[3] auf einen Bericht zur Vorlage bei der Sitzung des Nationalen Sicherheitsrates (Milli Güvenlik Kurulu), »da-

---

[1] Das in der Debatte oft gebrauchte türkische Wort »misyonerlik« bezeichnet das, was der »misyoner«, der Missionar, tut. Je nach Kontext gebe ich es im Deutschen allgemeiner mit »Mission« oder spezifischer als »Missionsarbeit« oder »Missionstätigkeit« wieder. Zu beachten ist, dass das Wort im türkischen Kontext einen äußerst negativen Klang hat.

[2] Ergün Poyraz, Misyonerler Arasında Altı Ay – Dünden Bugüne Hıristiyanlık ve Yahudiliğin Analizi [Sechs Monate unter Missionaren – Eine Analyse von Christentum und Judentum von gestern bis heute], İstanbul 2004² (2001¹).

[3] Mehmet Çetingüleç, »Misyoner alarmı« [Missionarsalarm], Sabah, 7. 12. 2001 (http://arsiv.sabah.com.tr/2001/12/07/p06.html).

mals als die mächtigste Institutionen [sic!] in der Türkei angesehen«.[4] Die Tätigkeit von Missionaren in der Türkei wird in dem Bericht als eine der gefährlichsten Bedrohungen für das Land dargestellt.

Im Gefolge dieser Warnung von höchster Stelle nahmen Vorträge und Veröffentlichungen über Missionsarbeit in der Türkei stark zu.[5] Ihren Höhepunkt erreichte die öffentliche Diskussion im Gefolge der Entscheidung der Europäischen Union im Dezember 2004, mit der Türkei im folgenden Jahr konkrete Beitrittsverhandlungen aufzunehmen.[6] Medien aus dem ultranationalistischen, aber auch aus dem islamistischen Lager warnten vor zu viel Freiheit für Missionare in der Türkei. Dabei wurde Missionsarbeit als Teil einer politischen Verschwörung gegen die Türkei dargestellt, die zudem mit unlauteren Methoden arbeite. Argumentiert wurde dabei zum Teil mit extrem übertriebenen Zahlen zu christlichen Aktivitäten in der Türkei. So wird etwa von »rund 55 000 Missionaren«[7] oder acht Millionen verteilten Neuen Testamenten[8] geschrieben.

Noch während der Pressekampagne kam es zu Drohungen und tätlichen Angriffen gegen Christen, die ihren Höhepunkt in der Ermordung des katholischen Priesters Andrea Santoro im Februar 2006 in der Schwarzmeerstadt Trabzon und schließlich im Massaker an drei christlichen Missionaren im April 2007 in Malatya in der Osttürkei hatten.[9] Der Zusammenhang zwischen der Beschuldigung von Missionaren in den Medien und den Morden kann hier nicht ausgeführt werden, ist aber in mehreren Studien nahegelegt worden.[10]

---

[4] European Stability Initiative (ESI), Mord in Anatolien – Christliche Missionare und Türkischer Ultranationalismus, Berlin 2011. (Heruntergeladen von der Webseite der ESI: http://www.esiweb.org/index.php?lang=en&id=156&document_ID=127. Titel des englischen Originals: »Murder in Anatolia. Christian missionaries and Turkish ultranationalism«), 9.

[5] Turan selbst listet unter auf Türkisch verfassten Beiträgen zum Thema »christliche Mission« 103 Artikel für 1980–2001, dagegen 261 für die Jahre 2002–2009, außerdem 32 Bücher für 1980–2001 und 71 für die Jahre 2002–2009. Ähnlich deutlich ist die Zunahme nach 2001 bei Master- und Doktorarbeiten zu diesem Themenkomplex, vgl. Süleyman Turan, Türkiye'de misyonerlik üzerine yapılan çalışmalar [Studien über Missionsarbeit in der Türkei], in: Türkiye'de Dinler Tarihi, Dünü, Bugünü ve Geleceği Sempozyumu (Ankara: 4–6 Aralık 2009), hg. v. Ali İsra Güngör/Asife Ünal u. a., Ankara 2009, 575–627.

[6] Vgl. ESI, a. a. O. 9–11.

[7] »55 bin civarı«, Artikel: Misyonerlik çalışmaları üzerine [Über missionarische Aktivitäten], Tageszeitung Yeniçağ, 6. 11. 2004, 13.

[8] Art.: Taşlar, sopalar bağlı; köpekler serbest [Die Steine und die Stöcke sind gebunden, die Hunde frei], Yeniçağ, 6. 1. 2005, 8.

[9] Vgl. Wolfgang Häde, Mein Schwager, ein Märtyrer – Die Geschichte des türkischen Christen Necati Aydin, Schwarzenfeld 2009.

[10] Vgl. İsmail Saymaz, Nefret – Malatya: Bir Milli Mutabakat Cinayeti [Hass – Malatya: Ein Mord in nationaler Übereinkunft], Istanbul 2011; sowie Wolfgang Häde, Christian Identity in Turkey? – A study of the climate of accusations against Christians in Turkish newspapers. Unveröffentlichter Beitrag für die Konferenz der International Association for Mission Studies in Toronto, August 2012, 7.

Die Veröffentlichungen zum Thema »christliche Mission« waren im genannten Zeitraum fast unüberschaubar. Sie reichen von geradezu demagogischen Werken, wie dem erwähnten von Poyraz[11], über das »Enthüllungsbuch« İlker Çınars, eines, wie sich später herausstellte, vom militärischen Geheimdienst in die christlichen Kirchen eingeschleusten Spions,[12] bis zu Rundumschlägen wie »Globale Taufe« von Ali Rıza Bayzan,[13] der eine Art Materialsammlung gegen Missionare zusammenstellt. Daneben gibt es auch einige Studien, wie das Buch »Mission« des islamischen Theologieprofessors Şinasi Gündüz,[14] die sich um mehr Sachlichkeit bemühen im Blick auf die angebliche Verquickung von Mission und Politik, aber ähnliche Thesen wie die populistischen Werke vertreten.[15]

## Geglückter Dialog

Angesichts dieser Sachlage war es für mich eine positive Überraschung, das Buch von Süleyman Turan, »Missiologie – Christliche Missionswissenschaft mit ihren historischen, theoretischen und praktischen Dimensionen« zu lesen. Aufmerksam geworden war ich auf das in türkischer Sprache verfasste Buch durch Jan A. B. Jongeneel, Professor emeritus für Mission an der Universität von Utrecht in den Niederlanden. Turan hat sich während seiner Studien laut Vorwort an etliche christliche Missiologen gewandt. Dabei erwähnt er besonders, wie sehr Prof. Jongeneel ihm bei der Literaturbeschaffung behilflich gewesen sei.[16] Wenn man dann sieht, wie gründlich und meist objektiv Turan sich bemüht, christliche Missiologie darzustellen, dann kann man sagen, dass auf dieser Ebene christlich-islamischer Dialog geglückt ist: Eine persönliche Verbindung mit dem Austausch qualitativ hochstehenden Materials hat dazu geführt, dass sich Menschen in der Türkei, nicht nur Islamwissenschaftler, fachkundig mit christlicher Missiologie auseinandersetzen können.

Süleyman Turan ist ein junger Privatdozent für Religionsgeschichte an der Islamisch-Theologischen Fakultät der Recep-Tayyip-Erdoğan-Universität in

---

[11] Vgl. Poyraz, a. a. O.
[12] İlker Çınar, ›Ben Bir Misyonerdim‹ – Şifre çözüldü. [»Ich war ein Missionar« – Der Code wurde geknackt], İstanbul 2005.
[13] Ali Rıza Bayzan, Küresel Vaftiz [Globale Taufe], İstanbul 2004.
[14] Şinasi Gündüz, Misyonerlik [Missionsarbeit]. Ankara 2009⁵ (2006¹).
[15] Vgl. z. B. Gündüz, a. a. O. 124.
[16] Vgl. Turan, Misyoloji , VI. Im Folgenden werde ich dieses Buch nur noch mit Seitenzahl in Klammern zitieren.

Rize an der nordöstlichen türkischen Schwarzmeerküste. Turans Buch wurde 2010 am Institut für Sozialwissenschaft der »Ondokuz Mayıs«-Universität in Samsun unter dem Titel »Von der Mission zur Missiologie: Die Beiträge der Missiologie zum christlichen Missionsverständnis«[17] als Dissertation eingereicht. Doktorvater Turans war der Professor für Religionsgeschichte Dr. Mahmut Aydın. Aydın selbst hat an der University of Birmingham promoviert und dort am »Centre For The Study of Islam and Christian-Muslim Relations« (heute: »Birmingham Centre for Islamic and Middle Eastern Studies«) gearbeitet.[18]

Mahmut Aydın ist im christlich-islamischen Dialog engagiert. Er hat zur pluralistischen Religionstheologie aus islamischer Sicht publiziert und auch John Hicks Buch »Der Regenbogen der Religionen« ins Türkische übersetzt. Seine Doktoranden schreiben unter anderem über die presbyterianische Kirche, über Bultmann oder über Hintergründe des christlichen Verständnisses von der Ursünde.[19] Vom wissenschaftlichen Hintergrund Turans her ist also eine Dialogbereitschaft naheliegend. Aydın selbst nennt als seine besonderen Forschungsgebiete: »Christentum, modernes christliches Denken, historische Jesus-Forschung, Beziehungen zwischen verschiedenen Religionen und Kulturen, religiöser Pluralismus«.[20]

Wie immer man sonst zum Nutzen eines interreligiösen Dialogs stehen mag: Hier haben die durch den Dialog offenen Türen jedenfalls zu einem Fluss von Informationen geführt, deren Sachlichkeit und Breite – bei allen Einschränkungen, die ich noch erwähnen werde – hoffentlich zu einer sachlicheren Diskussion über christliche Mission auch in der Türkei führen werden.

## Motivation des Autors

Warum schreibt ein islamischer Theologe eine Dissertation über die Disziplin der christlichen Missiologie? Turan erwähnt die Diskussion über Mission in der Türkei und stellt fest, dass dabei das Wort »Missiologie« fast nie gefallen sei (3). Grundsätzlich bezeichnet er die Diskussion als hilfreich. Hier scheint er mir zu unkritisch gegenüber dem erwähnten sehr niedrigen Niveau mancher Diskussi-

---

[17] »Misyon'dan Misyoloji'ye: Misyoloyi'nin Hıristiyan Misyon Anlayışına Katkıları«.
[18] Vgl. http://www.birmingham.ac.uk/schools/ptr/departments/theologyandreligion/research/islamic.aspx.
[19] Vgl. zu diesen Angaben die Informationen über Mahmut Aydın auf der Webseite seiner Universität und die dort einzusehenden Unterpunkte: http://www2.omu.edu.tr/akademikper.asp?id=933 (15.1.2013).
[20] »Hıristiyanlık, Çağdaş Hıristiyan Düşüncesi, Tarihsel İsa Araştırmaları, Dinler ve Kültürler Arası İlişkiler, Dinsel Çoğulculuk«; vgl. http://ww2.omu.edu.tr/akademikper_ilgi.asp?id=933 (15.01.2013).

onsbeiträge. Immerhin scheint aber aus Sicht Turans die Tiefe der wissenschaftlichen Auseinandersetzung mit den Hintergründen gefehlt zu haben. So will er bewusst nicht einfach christliche Missionstätigkeit untersuchen, sondern (und das ist vermutlich in diesem Umfang neu in der Türkei) die Disziplin der christlichen Missiologie und ihren Beitrag (vgl. den Titel der Dissertation) zum Verständnis von Mission. Im Schlusswort seines Buches wird schließlich deutlich, dass Turan als einen Nebeneffekt auch die Notwendigkeit sieht, dass Bandbreite und Intensität der christlichen missiologischen Ausbildung ein Vorbild für eine stärker zielgerichtete Ausbildung islamischer Theologen im Blick auf die moderne Welt sein sollten (266–267).

## Islamischer Theologe über christliche Missiologie

### Zum Inhalt

Obwohl Turan natürlich aus einer islamischen Perspektive schreibt, referiert sein Buch über große Strecken hinweg so sachlich und gründlich über Missiologie als wissenschaftliche Disziplin, dass ich selbst es mit Gewinn gelesen habe und mir sogar vorstellen könnte, das Werk mit einigen erklärenden Hinweisen türkischen christlichen Pastoren als Überblick über christliche Missiologie zu empfehlen.

### Quellen des Buches

Die Bibliografie von »Misyoloji« verweist auf eine große Bandbreite von Missiologen aus Vergangenheit und Gegenwart (z. B. Gustav Warneck, David J. Bosch, Gerald H. Anderson, Jan A. B. Jongeneel) und sonstigen Theologen (z. B. Karl Barth, Hans Küng, Alister McGrath). Turan selbst bedauert, dass er nicht Deutsch versteht, also deutsche Theologen nur in englischer Übersetzung rezipieren konnte. Das trägt sicher dazu bei, dass der Schwerpunkt der untersuchten Werke im englischsprachigen Bereich und insbesondere in Nordamerika liegt. Theologen aus der Mehrheitswelt sind nur sehr vereinzelt aufgenommen. Einige türkische Schriften zur Mission oder allgemein zur christlichen Theologie ergänzen das Bild.

Dort, wo es um die Missiologie als Disziplin geht, stehen laut Turan die Schriften der »Gründerväter der Missiologie«, Gustav Warneck und Joseph Schmidlin, für die aktuellen Bezüge dagegen (neben anderen) Jongeneels zweibändige Enzyklopädie im Vordergrund (7–8). Für seine Passagen zur Kirchen- und Missionsgeschichte weist er auf die Kirchenväter und kirchengeschichtliche Werke, wie z. B. *A History of the Expansion of Christianity* von Kenneth Latourette oder *A History of Christian Missions* von Stephen Neill (9). Für zahlreiche Einzelaspekte christlicher Missiologie hat Turan intensiv auf zahlreichen christlichen Webseiten gesucht.

## Zum Aufbau des Buches

Turans »Misyoloji« gliedert sich in drei Hauptteile. Das erste Kapitel »Der Weg zur Missiologie als Disziplin und der Entwicklungsprozess der Disziplin« (11–109)[21] gibt einen kurzen missionsgeschichtlichen Überblick (11–85), um dann auf die Entwicklung der Missiologie als Disziplin im 19. und beginnenden 20. Jahrhundert (Breckenridge, Warneck, Schmidlin, Schlunk) einzugehen (86–109).

Das zweite kürzere Kapitel (111–150) »Missiologie als Disziplin«[22] schildert Terminologie und Aufbau des Faches. Turan bezieht sich dabei stark auf die ungeheuer detaillierte Arbeit Jongeneels (besonders 124–126), stellt aber auch alternative Modelle für Aufbau und Gliederung vor (etwa Gailyn van Rheenen, 126; Guiseppe Buono, 127).

Im dritten Kapitel »Die Beiträge der Missiologie für die christliche Mission« (151–267)[23] geht Turan darauf ein, wie die Missiologie die Missionstätigkeit der Vergangenheit bewertet und wie sie versucht, Lösungen für heutige Problembereiche der Mission zu schaffen. Ausführlich beschäftigt er sich dann mit der missiologischen Ausbildung (208–243). Als Fallbeispiele stellt er Aufbau und Lehrpläne des Studienganges Missiologie von vier Hochschulen vor. Ausgewählt hat er dafür das »Fuller Theological Seminary« in Pasadena, Kalifornien (218–224), die »Cook School of Intercultural Studies« an der »Biola University« in La Mirada, Kalifornien (224–229), die »Trinity Evangelical Divinity School« in Deerfield, Illinois (229–234), und die missiologische Fakultät der »Pontificia Università Gregoriana« (235–239), der Päpstlichen Hochschule in Rom. Die interessante Begründung Turans für die »US-lastige« Auswahl: Er habe im Bereich Missiologie hervorragende Einrichtungen wählen wollen, und die seien

---

[21] »Misyoloji Disiplinine giden yol ve disiplinin gelişim süreci«.
[22] »Bir disiplin olarak misyoloji«.
[23] »Misyoloji'nin Hıristiyan misyonerliğine katkıları«.

vorwiegend in den USA und dort besonders unter den eher kirchlich gebundenen und unterstützten Hochschulen zu finden.

Unter den Anhängen ab S. 295 finden sich eine Zeittafel der Missionsgeschichte (295–298), eine exemplarische Auflistung von Hochschulen mit dem Fachbereich »Missiologie« weltweit (299–301), ins Türkische übersetzte Beschreibungen einzelner Seminare an den untersuchten Hochschulen, eine Liste missiologischer Doktorarbeiten und eine Liste missiologischer Zeitschriften.

Einschränkend möchte ich gleich an dieser Stelle einfügen: Man merkt stellenweise, dass Turan sehr von den ihm angebotenen Quellen abhängig ist. Das liegt vermutlich daran, dass ihm die Innensicht und das Gespür für spirituelle Motivation christlicher Missiologie, die ein christlicher Missiologe zumindest haben sollte, natürlicherweise fehlen. Er kann daher zu manchen Themenbereichen nur christliche Theologen referieren und nicht zu jeder aufgeworfenen Frage eigenständige Thesen entwickeln.

## Beitrag zur Versachlichung der Diskussion über Missionsarbeit

Turans Buch bietet dem christlichen Missiologen also keine neuen aufregenden Thesen. Das ist auch nicht seine Absicht. Gerade in seiner unspektakulären Sachlichkeit und Unaufgeregtheit kann »Misyoloji« aber ein wichtiger Beitrag für das Verständnis christlicher Mission im islamischen Kontext sein. Welchen Erkenntnisgewinn kann die islamische Öffentlichkeit nach meiner Beurteilung aus dem Buch ziehen?

### Mission gehört zum Wesen des Christentums

Turan betont einleitend und dann an zentralen Stellen seiner Studie immer wieder, dass Mission mit dem Wesen der christlichen Kirche untrennbar verknüpft sei. So spricht er schon im Vorwort davon, dass »das Phänomen der Mission die Daseinsberechtigung des Christentums« (V)[24] sei, und bemerkt später, dass an ein Aufgeben der Missionsarbeit aus christlicher Sicht nicht zu denken sei (18).

Allein diese sich durch Turans ganzes Buch hindurchziehende These ist im Blick auf die Türkei wichtig und ein durchaus hilfreicher Beitrag für einen islamischen Kontext. In der Türkei und in anderen islamischen Ländern gibt es

---

[24] »…, Hıristiyanlığın varlık sebebi olan misyon fenomeni(ni) …«

Stimmen, die gerne Christen Toleranz gewähren würden, wenn diese denn auf Mission verzichteten oder sie zumindest sehr zurückhaltend praktizierten.[25] Turan zeigt, dass solch eine Selbstbeschränkung dem Wesen des Christentums widerspräche.

## Wichtige Konzepte christlicher Missiologie werden referiert

Sowohl im Blick auf die Grundlagen christlicher Mission als auch hinsichtlich strategischer Überlegungen und ihrer praktischen Durchführung bietet Turan der türkischsprachigen Wissenschaft und darüber hinaus der interessierten Öffentlichkeit eine Fülle sachlicher Informationen, die, so hoffe ich, zur Versachlichung der Diskussion über Missionstätigkeit in der Türkei beitragen werden.

Das Konzept der »missio Dei«, also die These, dass Mission im Wesen des dreieinigen Gottes verankert sei und kirchliche Mission immer nur Teilhabe an Gottes Mission sei (14–19), zeigt die tiefe geistliche Verwurzelung christlicher Mission. Das aus der Feder eines islamischen Theologen zu lesen, ist ein wohltuender Kontrast zum üblichen Trommelfeuer anti-missionarischer Propaganda in türkischen Medien, die christliche Mission fast vollständig auf ihre angebliche Verknüpfung mit Kolonialismus und westlichem Expansionismus festzulegen versucht.[26]

Wenn Turan andererseits über Probleme, wie etwa die Finanzierung der Missionsarbeit (181–188) oder die Erschwernis christlicher Mission durch nationalistische Bewegungen (188) referiert oder über neue Ansätze in der Mission, wie etwa Kurzzeiteinsätze (177–178) berichtet, so tut er das zwar durchaus nicht unkritisch. Durch Einfügen auch solcher Fragen in ein wissenschaftliches Buch in gelehrtem Stil könnte aber die christliche Mission im islamischen Kontext aus dem mysteriösen bis verruchten Anschein, der ihr bisher oft verliehen wurde, herausgezogen werden.

## Die selbstkritische Funktion christlicher Missiologie

Turan betont gerade die kritische Rolle der Missiologie im Blick auf die praktische Missionstätigkeit. Dabei erwähnt er etwa, dass die große Mehrzahl heutiger

---

[25] Vgl. Wolfgang Häde, Persecution as a battle for defining identity. Reflections from Turkey, in: International Journal for Religious Freedom, Vol 5, 1/2012, 87–100, Bonn/Kapstadt/Colombo 2012, 91–92.
[26] Vgl. Häde, Christian Identity, 13–16.

Missiologen das westliche Überlegenheitsgefühl der Missionare vergangener Jahrhunderte, die oft zu enge Nähe zu Kolonialmächten oder den Gebrauch von Gewalt bei der Christianisierung deutlich ablehnt (154–167). Und er benennt aus der Erkenntnis vergangener Fehler resultierende neue Strategien, wie z. B. die Beiträge zur Erhaltung lokaler Kulturen oder das intensive Erlernen der Sprachen (167–175).

Wie immer man zu pauschaler Kritik etwa an der Missionstätigkeit des 19. Jahrhunderts stehen mag, so entkräftet Turan mit seiner Darstellung auf jeden Fall diejenige aktuelle Missionskritik, die in heutiger christlicher Mission eine bruchlose Fortsetzung einer Mission im kolonialistischen Sinne sehen will. An dieser Stelle kann Turans Buch ein wichtiger Beitrag zur Differenzierung in der islamischen Missionskritik sein.

## Mängel in Turans Arbeit

Trotz seines ausdrücklichen Bemühens um Sachlichkeit kann Turan einige islamische Voreingenommenheiten nicht ganz vermeiden. Andere Schwächen seiner Argumentation aus meiner Sicht sind auf Thesen westlicher christlicher Theologen zurückzuführen.

### Jesus und Paulus

Turan selbst hat in einem im Jahr 2006 veröffentlichten Buch Paulus als den »Begründer der Mission« bezeichnet.[27] Auch unter anderen islamischen Theologen ist es aktuell üblich, das christliche Missionsverständnis einseitig auf Paulus zurückzuführen oder ihn sogar als den eigentlichen »Architekten des Christentums«[28] zu sehen. Diese These scheint in Teilen der islamischen Forschung zunehmend den Platz der nicht mehr tragbaren platten Behauptung einer grundlegenden Verfälschung der Evangelientexte durch spätere Priester und Päpste einzunehmen.

Auch in »Misyoloji« referiert Turan die These, dass der Missionsbefehl aus Matthäus 28, 18–20 nicht auf den historischen Jesus zurückzuführen sei, sondern vermutlich Paulus der eigentliche Begründer des Gedankens weltweiter

---

[27] Vgl. Süleyman Turan, Misyonerliğin Kurucusu Pavlus [Paulus – der Gründer der Mission], İstanbul 2006.
[28] So schon im Titel Şinasi Gündüz, Pavlus – Hıristiyanlığın Mimarı. [Paulus – Architekt des Christentums], Ankara 2004² (2001¹).

Mission gewesen sei (20–22). Turan zitiert dabei eher Meinungen westlicher Theologen, als sich selbst eindeutig festzulegen. In einer persönlichen E-Mail vom 17. 1. 2013 schrieb er mir sinngemäß: Wenn sich christliche Theologen über solche Fragen nicht einigen können, dann ist es nicht erstaunlich, wenn es auch unter islamischen Theologen verschiedene Meinungen gibt. Turan hält in seinem Buch fest, dass, unabhängig von der Frage der Autorschaft, der Missionsbefehl von Matthäus 28 das christliche Missionsverständnis bis heute geprägt habe und daher beim Nachdenken über Mission sehr ernst genommen werden müsse (22).

## Wichtige theologische Hintergründe christlicher Missiologie fehlen

Einige wichtige theologische Aspekte christlichen Missionsverständnisses fehlen bei Turan oder kommen zu kurz. So wird wiederholt betont, die Kirche »bemühe sich, die ganze Welt zu Christen zu machen« (19).[29] Dabei wird jedoch der eschatologische Aspekt im Buch nicht genannt, also die Mission als Sammlung und Vorbereitung der Kirche als Volk des Messias für seine Wiederkunft und sein zukünftiges Reich.[30]

Der christologische Aspekt von Mission wird erwähnt (16–17). Allerdings wird vor allem die Inkarnation Jesu als Vorbild und Motivation für Mission nicht genügend herausgearbeitet. Ich bin mir bei den fehlenden Aspekten allerdings nicht sicher, ob sie auf die islamische Perspektive, auf Lücken in der verwendeten christlichen Literatur oder einfach auf die räumliche Begrenzung der Studie zurückzuführen sind. Dass Turan bei oft detaillierter Darstellung missionarischer Strategien (z. B. 197–208) nicht die spirituelle Motivation, die beim konkreten Missionar dahintersteht, voll erfassen kann und dass daher Beschreibungen technisch wirken können, kann man ihm nicht verdenken.

## Fehlen von selbstkritischer Betrachtung

Turan kritisiert zu Recht Fehlentwicklungen und Schuld in der Geschichte christlicher Mission. Allerdings fehlt jeglicher Hinweis auf Fehler und Schuld bei der islamischen Expansion und von islamischer Seite bei der Begegnung mit dem Christentum. Da hätten einige wenige Worte die Objektivität noch glaubhafter

---

[29] »... tüm dünyayı Hıristiyan yapmaya çalışmaktadır.«
[30] Mit E-Mail vom 16. 1. 2013 teilte mir Süleyman Turan mit, dass ihm dieser Aspekt bewusst sei und er ihn auch in seinem Paulus-Buch erwähnt habe.

gemacht. Dort wo die christlich-islamische Begegnung vergangener Jahrhunderte ins Blickfeld kommt, wirken Turans Aussagen manchmal weniger differenziert als sonst. So bemerkt er etwa im Zusammenhang mit der Ausbreitung des Islams und deren Einfluss auf die Geschichte der Mission sehr verallgemeinernd: »Die Christen haben den Islam dauerhaft als ihren größten Konkurrenten oder ihre größte Zielgruppe ausgewählt« (44).[31]

Wo Turan von der Ergänzungsbedürftigkeit der bisherigen türkisch-islamischen Auseinandersetzung mit christlicher Mission schreibt (3), hätte ich mir klarere Worte über die nicht nur ergänzungsbedürftigen, sondern manchmal, so meine ich, von einem auf Gespräch bedachten islamischen Theologen deutlich zu verurteilenden, weil diffamierenden, übertreibenden und aufhetzenden Beiträge zum Thema gewünscht.[32]

## Ausblick für einen konstruktiven Dialog

Die wenigen kritischen Bemerkungen sollen jedoch nicht das durchaus positive Gesamtbild von Turans Buch schmälern. »Misyoloji« zeigt, wie Dialog im Sinne eines freundschaftlichen und hilfreichen Austausches unter Wissenschaftlern zu guten Ergebnissen führen kann. Deutlich wird auch, dass es zunehmend islamische Theologen gibt, die das Christentum aus seinen eigenen Quellen erforschen wollen. Ich hoffe und erwarte, dass solche Versuche sachlicher Aufarbeitung langfristig auch positive Auswirkungen auf die Haltung der türkischen Bevölkerung zu Christen in der Türkei haben werden.

---

[31] »Hıristiyanlar, İslam'ı daima kendileri için en büyük rakip ve hedef olarak seçmişlerdir.«
[32] Turan hat sich in einer persönlichen E-Mail vom 16.1.2013 auf meine Rückfrage hin deutlich kritischer zu manchen Beiträgen über christliche Mission geäußert als in seinem Buch.

David Bosch, **Mission im Wandel. Paradigmenwechsel in der Missionstheologie.** Mit einem neuen abschließenden Kapitel von Darrell I. Guder und Martin Reppenhagen, Gießen/Witten: TVG Brunnen, 2012, XXVII, 701 S., EUR 60,00.

1991 veröffentlichte der südafrikanische Missionstheologe David Bosch »Transforming Mission. Paradigm Shifts in Theology of Mission«. Für viele war und ist es ein Standardwerk und Lehrbuch, vorrangig in der angelsächsischen theologischen und Missionswelt und den von ihr beeinflussten Regionen. Dort, wie das ausführliche Kapitel von Martin Reppenhagen und Darrell Guder zeigt, hat das Werk seine größte Verbreitung gefunden, und es wurde in mehrere Sprachen übersetzt.

20 Jahre danach erscheint nun eine deutsche Übersetzung, besorgt von Martin Josupeit und herausgegeben von Martin Reppenhagen. In dem gemeinsam mit Darrell L. Guder verfassten abschließenden Kapitel (615–642) erläutern beide David Boschs Leben und seine Missiologie, und sie zeichnen das Wirken des inzwischen klassisch gewordenen Werkes nach. Michael Herbst hat ein Geleitwort unter einem zentralen Zitat von Bosch beigesteuert – Mission ist die Mutter der Theologie (XI–XIV) –, in dem er Bosch treffend als einen Missionstheologen mit evangelistischem Profil charakterisiert. Übersetzt wurden ebenfalls eine kurze biographische und persönliche Würdigung des 1992 verstorbenen Bosch durch Gerald H. Anderson (XXI–XXII) und ein Vorwort von William R. Burrows (XVII–XX), das der englischen Jubiläumsausgabe beigefügt wurde, die 2011 bei Orbis Books erschien und dieser deutschen Übersetzung zu Grunde lag.

Boschs opus magnum ist in einem eine Untersuchung von Paradigmen in der Theologie der Mission und eine Missionstheologie. Das zeigt sich vor allem am Engagement für Mission, das den Stil des Werkes von Anfang an prägt: Es geht Bosch nicht (nur) um die Krise, in die der Missionsbegriff geraten ist, sondern darum, dass Krise die Existenzform von Christen überhaupt ist. Dass Kirche und Mission über Jahrhunderte hinweg wenig gelitten und relativ lange krisenfreie Zeiten hatten, bezeichnet er wörtlich als Abnormität, und er charakterisiert es als einen gefährlichen Irrglauben, dass die relative Stabilität der Kirche in diesen Epochen als ein Erfolg für die Kirche betrachtet werden sollte (2f.). Ein solch kritischer Ton gegenüber der Mission – im Sinne sozusagen eines Wurmfortsatz einer selbstgenügsamen Kirche – zieht sich durch das ganze Buch. Die Pointe von Boschs Durchgang durch die Paradigmen – in der Form, wie sie Küng für die Theologie popularisiert hat – ist ja nicht nur, dass er beschwört, man müsse bei jedem Paradigma auch die anderen im Blick haben, sondern dass er den Standort der Missionstheologie zu seiner Zeit konkret im unsicheren Zwischenraum zwischen zwei Paradigmen bestimmt: dem modernen, dessen Gültigkeit von innen und außen zunehmend bestritten wird, und einem neuen, dessen Konturen noch lange nicht deutlich genug sind. Bei Bosch ist von daher ein immer wiederkehrender Begriff die kreative oder dynamische Spannung zwischen einer Vielzahl an Elementen: sechs Paradigmen, dreizehn Elemente eines sich herausbildenden Paradigmas, unter denen alleine das ›Element‹ Evangelisation 16 Bestimmungen findet, sechs christologische Heilsereignisse …

So dominiert in der Darstellung bei aller Souveränität über das Material und die verwendete Literatur das Riskante der Zuordnungen, das Zerbrechliche und der Moment. Bosch stellt einen Grundzug des Glaubens – Kreuz und Auferstehung, wie er formuliert – unmittelbar in die Mitte seines Entwurfs einer Missionstheologie: Sie ist und bleibt ihrer wahren Natur nach Stückwerk, zerbrechlich, vorläufig, Risiko. Für ihn gibt es eine Missiologie nur im Entwurf (588). Der theologische Ansatz bei der missio Dei reinigt die Kirche. Sie stellt Kirche und Missiologie unter das Kreuz – den einzigen Ort, an dem sie in Sicherheit ist (611). Wenn Bosch die Lage der Kirche als zu den meisten Zeiten empirisch erbärmlich bezeichnet (612), dann darf man dahinter getrost nicht nur ein historisches Urteil, sondern die Erfahrung der eigenen Ausgegrenztheit erkennen, die er wegen seiner Verurteilung der Apartheids-Theologie erfahren hat. In dieser Perspektive findet der berühmt gewordene Satz von der bold humility sowohl theologische wie existentielle Konturen und bleibt kein Bonmot.

Aus dieser Charakteristik erhellt, dass Boschs Entwurf Theologie sein will, also argumentativ, methodisch nachvollziehbar und im Diskurs mit der akademischen Theologie, aber vor allen Dingen Reflexion der Teilhabe an Gottes Mission, die nicht auf missionarische Dienste verkürzt werden darf, wie das besonders in seiner Auseinandersetzung mit unterschiedlichen Verständnissen von Evangelisation deutlich wird. »Theologie hört auf Theologie zu sein, wenn sie ihren missionarischen Charakter verliert«, schreibt Bosch programmatisch (583), und das Subjekt dieser Theologie ist die Kirche, von der es ebenso programmatisch heißt: Eine Kirche, die nicht missionarisch ist, hört auf Kirche zu sein.

Bosch selbst verwendet für seine Position durchgehend den Begriff einer missiology – die Übersetzung mit Missionswissenschaft, die Josupeit gewählt hat, ist angesichts des Gesagten m.E. irreführend. Sie ist angesichts von Boschs Kritik an der Beschäftigung mit Mission als wissenschaftlicher Disziplin (577–588) nicht nachvollziehbar. Sie verblüfft, weil Reppenhagen als Herausgeber im gemeinsamen Kapitel mit Darrell L. Guder Boschs Bedeutung und die Wirkung seiner Missionstheologie insbesondere in der Debatte um eine missionale Kirche nachzeichnet. Wenn also hier der Neologismus missional so zentral gestellt wird – warum dann nicht Missiologie als Übersetzung für das, was Bosch wollte? Eine Missionswissenschaft wollte er m.E. jedenfalls nicht.

Beim Wiederlesen des Werkes nach etwa siebzehn Jahren wird eines allerdings deutlicher: die Missionstheologie von Bosch ist eine Theologie vor der Zeit des Bewusstwerdens der Globalisierung, vor der Epoche der Weltchristenheit und interkultureller Theologie. Das Wort Globalisierung erscheint einmal im Text, Kontextualisierungen und Inkulturation werden ausführlich und kritisch verhandelt, das Spannungsfeld Evangelium und Kultur scheint immer wieder durch, und Bosch spricht sogar bereits von der Notwendigkeit zur Interkulturation (537), dem sich gegenseitigen Befragen der kontextuellen Entwürfe. Auch wenn Reppenhagen und Guder der Kritik an Boschs Hauptwerk mit dem Hinweis auf eine ganze Reihe von anderweitig veröffentlichten Studien von ihm zu afrikanischen Religionen begegnen wollen, so fällt doch auf, dass die stark westlich geprägte theologische Tradition (ganz stark: Barth, Moltmann) bei Bosch anscheinend die Wahrnehmung für die Aufbrüche und die Selbstausbreitung des christlichen Glaubens in Asien, Afrika und Lateinamerika verstellt. Er greift zustimmend die Aussage auf, dass der Glaube nur Dialekt spricht, und es findet sich der Hinweis darauf, dass gegen die Vorherrschaft der rationalen Zugangsweise in der Theologie Metapher, Analogie, Zeichen, orale Traditionen neu belebt wurden. Bosch: »Daher ist ein zunehmendes Interesse an anderen nichtkonzeptionellen Formen des Theologisierens zu beobachten« (414) – doch die Glaubensdialekte und nicht-konzeptionellen Formen des Theologisierens spielen (noch) keine Rolle in seiner Argumentation. Von daher kann ich Kirsteen Kims Charakterisierung des Buches als Retrospektive, die dokumentiere, »was bereits einer Lösung zugeführt wurde, aber nicht das, was heute zu diskutieren ist« (zitiert von Reppenhagen, 622), zustimmen. Und Bosch hatte Recht, wenn er die Missionstheologie seiner Zeit zwischen zwei Paradigmen sah.

Es ist gut, dass dieser Klassiker jetzt auch auf Deutsch vorliegt. Fast 600 eng bedruckte Seiten zu übersetzen, ist ein Kraftakt, dem Hochachtung gebührt. Dass der deutsche Titel »Mission im Wandel« nicht den doppeldeutigen Klang des englischen Transforming Mission – einmal Mission, die verwandelt wird und zum anderen Mission, die verwandelt – wiedergeben kann, liegt an der deutschen Sprache. Manches kann man hinterfragen, wie die Wahl von Missionswissenschaft als Übertragung für Missiology. Nicht überzeugend finde ich das Wortspiel des Übersetzers von der mutigen Demut und dem demütigem Mut, das den klassisch gewordenen Satz von der »bold humility and humble boldness« wiedergibt (dt. 494, 577). Dafür gibt es m.E. bereits die zuspitzende Übertragung von der kühnen Demut, und so wird das als Zitat im Vorwort von Anderson wiedergegeben (XXII). »Mission as Quest for Justice« wird m.E. zu schwach als »Frage nach Gerechtigkeit« (dt. 470) übersetzt, und ob emerging paradigm mit sich »abzeichnendem Paradigma« gut übersetzt ist, kann man diskutieren.

Die Übersetzung von Michael Josupeit liest sich insgesamt flüssig, und der direkte Vergleich von zentralen Passagen weist auf eine recht gelungene Übersetzung hin. Allerdings lassen immer wieder einmal Formulierungen stocken. So heißt es gleich auf der ersten Seite »eine örtliche Versammlung«, was nicht ganz zutreffend »a local congregation« übersetzt; und im gleichen Absatz müsste es statt »eine genauere theologische Übersicht … als dies üblicherweise … getan wurde« mit »eine eindeutigere theologische Charakterisierung des Konzeptes wie es üblicherweise verwendet wurde« heißen. Daneben finden sich auch richtige Fehler, etwa wenn es von Patons Kritik an der Mission heißt »vor allem, weil sie in China veröffentlicht wurde«, während Bosch tatsächlich von seiner Kritik daran schrieb »wie sie [Mission] in China durchgeführt wurde« (2). Oder wenn »Toward the end of his life« mit »bis zu seinem Lebensende« wiedergegeben wird (7). Ohne die gesamte Übersetzung vergleichen zu können, habe ich weitere solcher Fehler gefunden, z.B. »Das objektivistische Rahmenwerk, das auf der Vernunft aufbaute« für »objectivist framework imposed on rationality« (engl. 353, dt. 413), die in gewisser Weise sinnentstellend sind, aber die Übersetzung der Grundthesen des Buches nicht berühren.

Bis in die Endgestalt des Buches hat sich eine überdurchschnittliche Zahl von Druckfehlern gehalten. Ein ärgerlicher Fehler ist, dass die vielen Seitenverweise auf den Haupttext im Geleitwort und vor allem im Kapitel von Reppenhagen und Guder alle unzutreffend sind; davon ist allerdings das Register – jedenfalls nach meinen Stichproben – nicht betroffen.

**Michael Biehl**

Oliver Freiberger / Christoph Kleine, **Buddhismus – Handbuch und kritische Einführung**, Göttingen: Vandenhoeck & Ruprecht, 2011, 536 S., 49,99 Euro

In einer Zeit, in der es keinen Mangel an einführender Literatur zum Buddhismus zu geben scheint, kann man gespannt sein, worin das Besondere des Buchs des Autorenpaars Freiberger und Kleine, beide ausgewiesene Buddhismusfachleute, liegen mag. Es beginnt mit Hinweisen auf den Handbuchcharakter des Werks, der auch ein selektives Lesen ermögliche, sodann einer knappen Rekapitulation der Forschungsgeschichte, die dem Leser einen Eindruck ermöglicht, an welcher Stelle dieses Buch mit welchem Selbstverständnis steht. Die Autoren wählen einen historischen Zugang durch die Regionen hindurch, wobei auf diese Weise die Anfänge des Buddhismus beim ersten Blick auf »Südasien« unterkommen: Überlegungen zur historischen Fassbarkeit, Biographie des Buddha, frühe Ausbreitung. So landet das, was in jedem Buddhismusbuch am Anfang steht, auch hier am Anfang, desweiteren aber folgt das Buch einer thematischen Orientierung. Interessant sind zu Beginn der Darstellung die Hinweise auf die historischen Unsicherheiten und insofern Relativität der Aussagen sowie auf die Problematik der erst Jahrhunderte später verschriftlichten Quellen. In diesem großen länderorientierten 2. Kapitel kommt der außerasiatische Buddhismus nur mit

neun Seiten (161–169) vor – die Autoren verzichten mit ihrem historischen Ansatz bewusst darauf, auch die neuesten Entwicklungen im Westen aufzunehmen. Im Kapitel 2 zu »Sprachen und Texten« werden der Hintergrund der Sprache Pali als lingua franca im Verhältnis zum altindischen Sanskrit und zu neueren indischen Sprachen entfaltet, das Thema des Textes und Buchs als »Kultgegenstand« erörtert und die Kanonfrage kritisch behandelt. Das 3. Kapitel (»Buddhistische Weltbilder«) führt ein in die Aspekte der buddhistischen Lehre auf dem Hintergrund der vedischen Gedanken- und Götterwelt. Der frühe Buddhismus wie auch die Ausdifferenzierungen u.a. im Mahayana-Buddhismus, im esoterischen und Tantra-Buddhismus werden umrissen. Nur kurz und an vielen Stellen eher en passant wird die japanische Nichiren-Schule erwähnt, ausführlicher erst unter dem Stichwort des Fundamentalismus (471–473), was ihrer Bedeutung im derzeitigen Japan nicht gerecht wird. Sehr knapp fällt das 4. Kapitel zu Ethik und Moral aus, das die wesentlichen ethischen Bestimmungen aus den Schriften erwähnt und auf ein Beispiel aus der modernen bioethischen Diskussion eingeht. Hier wäre ein Blick auf neuere Aktivitäten des internationalen Buddhismus zu Menschenrechten und gesellschaftlichem Engagement angebracht gewesen, der erst im 10. Kapitel zu Globalisierung und Modernisierung erfolgt. Umso größerer Raum wird in Kapitel 5 der religiösen Praxis gewidmet, die sonst oft zu kurz kommt (233–292). Das westliche Buddhisten interessierende Thema der Meditation in den verschiedenen buddhistischen Ausrichtungen, der buddhistische Festkalender und die Reliquienverehrung finden hier ausführliche Behandlung. Im 6. Kapitel geht es um religionssoziologische Aspekte wie die Institutionalisierung des Buddhismus im Sangha, um die Geschichte des Frauenordens, um das Verhältnis von Ordensleben und Laienanhängern u.a. Das große 7. Kapitel bietet in zugleich historisch und systematisch strukturierter Form eine Darstellung der wichtigsten Schulrichtungen, beginnend von den indischen Entwicklungen über Theravada und andere alte Schulen über die sich in China ausdifferenzierenden Richtungen des ostasiatischen Buddhismus bis hin zu den vier wichtigsten tibetischen Schulen. Das schillernde Verhältnis des Buddhismus zum Staat in den Phasen und Regionen seiner Geschichte wird im 8. Kapitel erläutert, ebenso wie die Rolle, die er in einigen Ländern für die jeweilige Wirtschaft gespielt hat. Freunde der buddhistischen Kunst- und Architekturgeschichte kommen im 9. Kapitel auf ihre Kosten, das ruhig mit etwas mehr Illustrationen hätte aufwarten dürfen. Auch hier wird wieder von »Birma (Myanmar)« gesprochen, obwohl den Autoren bekannt ist, dass das Land seit 1989 offiziell Myanmar heißt (59). Nach Schlaglichtern auf die Entwicklung des Buddhismus in moderneren Zeiten folgt ein Panorama auf die Frage der Mission, die in unterschiedlichen Methoden insbesondere

für den Buddhismus im Westen zu beobachten sei, und der Beziehungsgestaltung zu anderen Religionen, für deren Erläuterung die Autoren auf das in der christlichen Theologie gelegentlich genutzte Modell von Exklusivismus, Inklusivismus und Pluralismus zurückgreifen (442). Der Pluralismus sei jedoch eine überwiegend theoretische Möglichkeit, während die Positionierungen meist im Bereich von Exklusivismus und/oder Inklusivismus anzusiedeln seien.

Der Textteil des Buchs schließt mit einer interessanten Neuheit, nämlich mit dem ausdrücklichen Aufgreifen von insgesamt neun Vorurteilen und Irrtümern gegenüber dem Buddhismus wie u.a. denen, er bestehe hauptsächlich in Meditation, sei gewaltlos, atheistisch und vegetarisch. Gut informiert und differenziert werden diese Klischees und ggfs. Irrtümer bearbeitet und aufgeklärt, womit dieses Buch sich einmal mehr als Lehrmaterial und Textbuch auch im universitären Lehrbetrieb empfiehlt.

Der Anhang bietet ein nach den Kapiteln geordnetes Literaturverzeichnis (»Hinweise zur Lektüre«) und ein integriertes Register. Dem Charakter als Handbuch entsprechend gibt es keine Anmerkungen, obwohl sich sicher für den wissenschaftlich interessierten Leser hier und da auch das Interesse ergeben mag, woher die Informationen stammen. Trotz der Detailkritik, die ohnehin bei einem Werk mit so umfassendem und hohem Anspruch fast unvermeidlich ist, ist hier Lob angesagt für ein Buch, das auf dem derzeit erreichten Stand der Forschung einen auf hohem Niveau präzise formulierten und doch verständlich geschriebenen Überblick über die Materie bietet. Die klare thematische Gliederung der Kapitel erlaubt zudem eine gute Benutzung nicht nur zur eigenen Lektüre, sondern auch in pädagogischen Kontexten (Schulunterricht, Universität).

**Ulrich Dehn**

---

Rainer Neu, **Das Mediale. Die Suche nach der Einheit der Religionen in der Religionswissenschaft,** Stuttgart: Kohlhammer, 2010, 314 S., 29,90 Euro

Neus Anspruch ist, mit der »Einheit der Religionen« etwas wiederzuentdecken, was in der Forschung der letzten Jahrzehnte verlorengegangen bzw. aus dem Blick geraten ist. Ihm geht es dabei nicht um die monistische Behauptung einer in sich genügsamen Einheit, sondern um den Dreischritt von einer ursprünglichen Einheit über die Ausdifferenzierung zu einer differenzierten Einheit. Diesem Dreischritt, den er dann Einheit, Polarität und Integration nennt, spürt der Autor auf vielfältigen Wegen nach und macht dabei auch vom Material der Mythen, Märchen, der Philosophiegeschichte, der religiösen Architektur, der Religionsgeschichte und der Geschichte der religionsphänomenologischen Forschung Gebrauch. Methodisch begeht er dabei eine Gratwanderung, indem er sich zwar ausdrücklich von einer theologischen Religionswissenschaft, die dem Wesen der Religion nachspüren will, distanziert, aber doch mit der »grundlegen-

den Einheit der Religionen« (10) ein typisches Interesse der alten Religionsphänomenologie verfolgt. Der Begriff des Medialen gehe von einem substanzhaften Verständnis der Religion aus (41).

Neu veranschaulicht den Dreischritt zunächst an Wolfram von Eschenbachs Epos Parzival und an der Biographie des Siddharta Gautama / Buddha und wendet sich dann dem schamanischen Weltbild zu, bevor er zu Mircea Eliade und seinem Rekurs auf C.G. Jung kommt: die Vermittlung des Heiligen und des Profanen durch das Mediale. Noch einmal wird ausführlich die Mittlerrolle des Schamanen im mythischen Weltbild der Polarität der Unterwelt, Mittelwelt und der himmlischen Gefilde erläutert. Das Motiv der Weltenachse, das im schamanischen Weltbild durch den Weltenbaum Yggdrasil gegeben ist, bildet sich auch in der Architektur indischer Tempel ab. Diese bildet symbolisch die Vermittlung zwischen dem Heiligen und dem Profanen ab und ermöglicht die Begegnung mit dem Göttlichen, im Opfer kultisch bestätigt. Auch aus unserer Kenntnis des Jerusalemer Tempels sei eine solche Struktur der Medialität in Gestalt der Mitteilung der Herrlichkeit Gottes aus seinem Heiligtum heraus aussagbar. Neu zeichnet nun die Geschichte des christlichen Gotteshauses anhand der frühchristlichen Übernahme der Basilika (als profaner Hallenbau) nach und kommt zu dem Resultat, dass hier die Sphäre des Medialen derjenigen des Sakralen vorausging, indem für letzteres kein eigener Bereich gestaltet wurde. Es folgt die an der

Theologie des Dionysius Areopagita orientiert erbaute Hagia Sophia, in der sich ebenfalls, so Neu, die drei Sphären abbilden, die der dreieinigen Gottheit, die der vorläufigen Erfahrung des Göttlichen und die »des Widersinns und der verzehrenden Leidenschaften« (99). Nach einem Ausflug zur gotischen Kathedrale und ihrer Ausweitung des Medialen geht Neu in den literarischen und philosophischen Bereich hinein. Nach Wilhelm Wackenroder und Ludwig Tieck sowie Friedrich Schlegel und Novalis greift er die »Reden« Schleiermachers auf: Die »Anschauung des Universums«, zu der jeder Mensch in der Lage ist, bedeutet auch, dass die Mittlerschaftsfunktion Jesu potentiell auf alle Menschen ausgedehnt wird. In einem weiteren Kapitel werden die vier großen »Religionsphänomenologen« Rudolf Otto, Nathan Söderblom, Gerardus van der Leeuw und Mircea Eliade analysiert. Ottos Konzeption, in direkter Bezogenheit auf das Heilige eine religiöse Intuition, ein apriorisches numinoses Gefühl zu gewinnen, betrachtet Neu als eine Sackgasse, als den Versuch, einen erfahrungsbezogenen Ansatz mit einem erkenntnistheoretischen Ansatz zu überlagern. Söderblom sieht er mit dessen Konzept des Heiligen und des Profanen einer Theorie des Medialen zwar nahekommen, attestiert dem Schweden jedoch einen unüberwundenen Dualismus der beiden Pole. Vergleichbare Defizite meint er auch van der Leeuw und Eliade bescheinigen zu sollen, selbst wenn Eliade einer Theorie des Medialen von den vieren am nächsten komme. In der Religionssoziologie (N.D. Fustel de Coulanges, Émile Durkheim, Max Weber, Niklas Luhmann) meint Neu dagegen sehr deutlich auf je unterschiedliche Weise eine Entfaltung des Medialen analysieren zu können und kommt nach dieser umfangreichen, belesenen und detaillierten Beweisführung zu dem Schluss, dass der im Eingangsteil skizzierte Dreischritt einer ursprünglichen Einheit (des Heiligen), auseinanderfallend in divergierende Pole (Heiliges – Profanes) und zu einer neuen Integration (Mediales) strebend sich in den verschiedenen Bereichen des kulturellen Schaffens, die er in seinem Buch abgeschritten hat, auf immer wieder unterschiedliche Art abbildet: »Religion lässt sich damit als der Prozess des Austausches zwischen den beiden Polen heilig-profan analysieren. Religiöse Erfahrung ist möglich, wo sich diese beiden Sphären durchdringen ... Das Mediale hat sich damit als der eigentliche Gegenstand der Religionswissenschaft erwiesen«, es ist »das Eine in dem Vielen, die Gegenwart des Unsichtbaren im Sichtbaren« (280). Damit ist er nicht weit von der Religionsdefinition des frühen Gustav Mensching entfernt, die gerne als klassische Charakterisierung religionsphänomenologischen Denkens zitiert wird. Neu scheint seinen Ansatz als einen Integrationsversuch religionsphänomenologischen und kulturwissenschaftlichen Arbeitens zu verstehen, jedoch täte es diesem Anliegen gut, genauer verständlich werden zu lassen, ob er einen deskriptiven Ansatz der Wahrnehmung von Medialität verfolgt oder doch dem Medialen selbst nachspüren

möchte, wie es sich etwa in seinen höchst aufschlussreichen architektonischen Analysen von Sakralbauten nahelegt. In jedem Falle ist es eine Freude, sich in das auf großer Belesenheit beruhende und mit umsichtigen Analysen unterlegte Konzept Neus hineinzufinden, das sich an Geschlossenheit und Plausibilität mit dem vor knapp einhundert Jahren erschienenen »Heiligen« von R. Otto vergleichen lassen darf.
**Ulrich Dehn**

Godson S. Maanga, **Church Growth in Tanzania: The Role of Chagga Migrants within the Evangelical Lutheran Church in Tanzania** (=Makumira Publication 20), Neuendettelsau: Erlanger Verlag für Mission und Ökumene, 2012, 447 S., EUR 20,00.

Dieses Buch singt das Lied der »Chagga migrant missionaries«, die vom Kilimandscharo auszogen und in ganz Tansania in lutherischen Gemeinden und Diözesen eine wesentliche Rolle spielten und spielen. Godson Maanga, räumt ein, dass sein Dschagga-Sein »auf einige Gedankengänge in dieser Arbeit abgefärbt« (48) haben könnte. So ist es wohl.

Das empirische Material für seine Untersuchung sammelte der Autor im wesentlichen in 205 Interviews in ganz Tansania. 134 der Befragten sind Dschagga. Näheres über die Umfrage offenbart Maanga nicht; die Ergebnisse präsentiert er eher narrativ und unter Aufzählung der Namen unzähliger Dschagga, die in lutherischen Gemeinden in Tansania aktiv bis dominierend sind. Dabei umfasst Kap. 4 die neun Diözesen der Evangelisch-Lutherischen Kirche Tansanias (ELCT), die um die Norddiözese, die genuine Dschagga-Diözese, herum angeordnet sind, während Kap. 5 die in einem weiteren Gürtel enthaltenen Diözesen und Missionsgebiete überstreicht. Im Zentrum dieses Gebietes, am Kilimandscharo, begannen im Jahr 1893 Missionare der Leipziger Mission eine äußerst erfolgreiche Arbeit, die Maanga kurz (und mit kleinen Fehlern) darstellt. Teils als Gehilfen der Leipziger, teils von ihnen entsandt, kamen lutherische Dschagga dann in die Gebiete anderer Ethnien und entfalteten, zuweilen dezidiert evangelistisch wie der legendäre Reuben Moshi, zuweilen durch ihr schlichtes Dasein als lutherische Christen, eine bedeutende missionarische Wirkung.

Maanga untersucht die Gründe des weiteren Dschagga-Exodus. Der I. Weltkrieg verursachte zentrifugale Bewegungen. Das Hauptmotiv für die Ausbreitung dürfte aber in dem Streben vieler Dschagga nach Lebensmöglichkeiten und Prosperität zu suchen sein. Die Versetzungen von LehrerInnen, Verwaltungspersonal und Soldaten übers ganze Land spielten ebenfalls eine Rolle.

Maanga stellt fest, dass für die Dschagga Leben und Religion nicht zu trennen sind. Deshalb machten die Migranten starken Eindruck auf die Bevölkerung der Gebiete, in denen sie sich ansiedelten. Dass sich für viele Dschagga ihr Dasein und ihr Luthertum decken, mag zutreffen. Wie Maanga gegen Ende der Arbeit einräumt, gilt dies aber sicher nicht für alle Dschagga. Nicht alle sind per se missionarisch und lutherisch. Was aber ist mit den anderen?

Es befremdet, wenn Maanga nahelegt, der Gemeindeaufbau im Bereich der ELCT solle, wenn er denn fruchtbar sein soll, dem Vorbild der Norddiözese, also des Dschagga-Luthertums, folgen. So seien ordentliche Gemeindehelferinnen und Evangelisten dann akzeptabel, wenn sie nach den Maßgaben der Verfassung der Norddiözese ausgebildet sind und arbeiten. Hier scheint ein unbewiesener Vorwurf durch.

Mit Kritik fällt man in Afrika nicht mit der Tür ins Haus. Maanga hat sie am Schluss des Buches unter den Rubriken »Evaluation of Chagga Migrants' Missionary Work« und »Suggestions for Future Work« untergebracht. Dabei lässt sich beobachten, dass die Dschagga an vielen Orten als eine Art Wirtschaftsflüchtlinge ankamen, aber schnell prosperierten und dominant wurden. Angehörige anderer Ethnien scheinen sich Dschagga-dominierten Gemeinden mitunter deswegen anzuschließen, weil man dort reich ist oder werden könnte. Maanga beobachtet, dass diese Gemeinden zuweilen stark von Spenden der Dschagga abhängen. Er lobt sie einerseits für ihre Großzügigkeit, warnt sie letztlich aber vor dem Wahn, die anderen müssten dann auch »ihr Lied singen« (385). Maanga deutet an, dass die Dschagga gerne Politiker zu Spenden zu veranlassen; er sagt nichts zum Verlust an Freiheit, den das impliziert.

Maangas beschreibt die Dschagga in der Diaspora als häufig geschlossene Gruppen mit konservativen Tendenzen. Sie feiern Gottesdienste nach Dschagga-Art – damit mag gemeint sein, dass sie zu althergebrachten liturgischen Formen neigen. Maanga befürchtet, dass die Dschagga (damit auch?) die Erweckungsbewegung(en) links liegen lassen, und warnt davor. Die Diaspora-Dschagga bringen ihre Toten zurück an den Kilimandscharo zur Beerdigung. Maanga schwankt diesbezüglich zwischen Respekt und Kritik; mit dem Aufwand, der dabei getrieben wird, scheinen sich die Dschagga mancherorts unbeliebt zu machen. Der Zusammenhang mit der Ahnenverehrung, der hier herein spielt, lässt sich bei Maanga nur ahnen.

Stellt Maanga die »Chagga migrant missionaries« auf weite Strecken als ein geschlossenes Phänomen dar, so ist doch festzuhalten, dass zwischen dem Evangelisten, der entsagungsvoll im Missionsgebiet Rukwa arbeitet, und dem reichen Dschagga in Dar es Salaam ein großer Unterschied besteht. Dschagga, die fern von ihrem Dorf am Berg und seiner sozialen Kontrolle ein unmoralisches Leben führen, erwähnt Maanga achselzuckend.

Maangas Buch zeigt in vielen Facetten die Wirkung der Wanderung lutherischer Dschagga in weite Teile Tansanias. Diese Christen haben Bedeutendes geleistet. Sie ernten Lob auch von Angehörigen anderer Ethnien. Die sparsam eingesetzte Kritik verdient Beachtung. Dabei ist es reizvoll zu sehen, wie ein Theologe im Bereich der lutherischen Kirche Tansanias wissenschaftlich arbeitet, was er positiv wertet und wovor er sich in Acht nehmen muss. Denn die Rolle der Dschagga ist nicht zu unterschätzen.

**Günter Kohler**

Djoko Prasetyo Adi Wibowo, **Interkulturelle Missionstheologie in der pluriformen Gesellschaft Indonesiens**, Berlin: Regiospectra Verlag, 2011, 261 S., EUR 26,90.

Die Doktorarbeit von Djoko Prasetyo Adi Wibowo stellt die Frage nach den Möglichkeiten eines friedlichen Zusammenlebens der vielen, vor allem durch Religion von einander abgegrenzten Gruppen im pluriformen Indonesien. Seiner Meinung nach sollten alle darum bemüht sein, gemeinsam die Armut zu bekämpfen, Gerechtigkeit zu schaffen und eine umfassende Identität zu bilden, so dass niemand mehr benachteiligt und jedem die Möglichkeit gegeben wird, sich angstfrei, produktiv und friedlich am Aufbau Indonesiens zu beteiligen. Konkret fragt die Arbeit nach den Möglichkeiten, die die Christen in ihrer Minderheitensituation haben, nach den Aufgaben, die sie wahrnehmen sollten und nach den biblischen und systematischen Begründungen für das aktive Einbringen in den aktuell laufenden Diskurs des Landes.

Im ersten Teil stellt er die Geschichte Indonesiens in einem kurzen Abriss dar, wobei besonders deutlich wird, dass es nicht erst seit der Ankunft der Europäer eine Geschichte der Kolonisation ist. Unterschiedlichste »ausländische« Mächte haben ihren Fuß auf indonesisches Land gesetzt, die Gesellschaft in besonderem Maße geprägt und bis heute andauernde Konflikte in nicht unerheblicher Weise verursacht. Mit dem Eintreffen der Portugiesen und Niederländer kommt auch das Christentum nach Indonesien, wo es bis heute eine ambivalente Rolle einnimmt.

Mit dem zweiten und dritten Teil stellt der Verfasser seine eigene These dar und untermauert diese biblisch anhand der Apostelgeschichte und systematisch anhand der Missionstheologie und dem Konzept der Konvivenz Theo Sundermeiers. Wibowo betont die Notwendigkeit eines gleichberechtigten Dialogs vor dem Hintergrund, dass nur Gott die Wahrheit bekannt ist, während alle Gläubigen (egal welcher Religion sie angehören) sich auf dem Weg zu dieser Wahrheit hin befinden und durch gleichberechtigtes, aufmerksames Gespräch einander verstehen und so der Wahrheit gemeinsam näher kommen können. In der Apostelgeschichte sieht er dieses Vorgehen bereits biblisch begründet. Die Jünger Jesu, allesamt im jüdischen Kontext verwurzelt, müssen langsam und manchmal mühsam lernen, dass Gott auch Nicht-Juden liebt und seine Botschaft für alle Welt gedacht ist. Notwendigerweise müssen sich feste Vorstellungen, Symbole und Wahrheiten verändern, wenn sie auf neue Kontexte, neue Symbole und neue Wahrheiten treffen. Diese Diskontinuität wertet Wibowo jedoch als etwas Positives, da auf diese Weise oft die Kontinuität der Wahrheit Gottes gewahrt bleibt. Sundermeiers Ansatz der Konvivenz und der Mission als Einladung zum Gespräch über das Eigene und das Fremde untermauern Wibowos Ansatz auch systematisch.

Abschließend wendet er die erarbeiteten Ergebnisse der mittleren Teile auf den indonesischen Kontext an. Seiner Meinung nach sind gerade die Christen dazu beauftragt, sich in die aktuell ablaufenden Prozesse einzubringen, den Kontakt und den offenen Dialog mit den anderen Gruppen zu suchen und sich um eine friedliche Auseinandersetzung um die Botschaft vom Reich Gottes auch für den indonesischen Kontext zu bemühen.

Der Verfasser schreibt aus dezidiert christlicher Sicht, vertritt dabei aber einen sehr inklusivistischen Ansatz. Es gibt einen Gott, der in Jesus Mensch geworden ist und durch den Heiligen Geist bis in unsere Zeit hinein wirkt. Dieser möchte, dass seine Botschaft vom anbrechenden Reich Gottes die Menschen erreicht und ihre Realitäten im Blick auf die Liebe Gottes für alle Menschen hin verändert und verändern lässt. Beachtlich ist dabei aber, dass auch das sich auf der Erde in unterschiedlichen Formen manifestierte Christentum die göttliche Wahrheit noch nicht vollständig erfasst hat, sondern sich, wie auch alle anderen Religionen, auf dem Weg dorthin befindet. Im Gespräch mit dem Gegenüber, in immer neuer Kontextualisierung des Eigenen und in Öffnung gegenüber dem Fremden gelingt es so allen Beteiligten, der Wahrheit Gottes gemeinsam immer näher zu kommen. Zumindest auf protestantischer Seite scheint dieser

Ansatz unter indonesischen Theologen eine breite Akzeptanz zu genießen.

Hier allerdings wäre kritisch nachzufragen, ob eine derart offene Ansicht wirklich von allen Christen geteilt wird. Schon auf christlicher Seite wird nicht nur aus der römisch-katholischen Tradition, die dem Absolutheitsanspruch des Christentums deutlich mehr Gewicht beimisst, Kritik zu erwarten sein. Besonders leichtes Spiel hat die Ablehnung, da Wibowo in seiner Arbeit das Missionskonzept und die Gottesvorstellung Sundermeiers zwar ausführlich darstellt, diese selber aber wenig reflektiert und nicht auf kritische Stimmen und Anfragen eingeht.

Darüber hinaus bleibt abzuwarten, inwieweit die dargestellten Annahmen und Vorschläge vom nichtchristlichen gleichberechtigten Dialogpartner auf- und vor allem angenommen werden. Ohne entsprechende Offenheit und Bereitschaft zur Hinterfragung und gegebenenfalls Veränderung des Eigenen auf allen Seiten ist der von Wibowo angedachte Dialog kaum möglich. Die dafür nötige Offenheit ist jedoch zu wünschen, da in dem dargestellten Ansatz großes Potential für ein friedliches Miteinander und eine positive Entwicklung der Gesamtsituation, etwa die Eindämmung der Armut und der alltäglichen Angst gerade der Minderheiten, auf dem pluriformen Inselstaat Indonesien liegt.

**Jana Menke**

Joana Bahia, **O tiro da bruxa. Identi-dade, magia e religião na imigração alemã,** Rio de Janeiro: Editora Gara-mond, 2011, 409 S.

Die Besprechung eines portugiesischen Buches ist ungewöhnlich, im Fall der Studie von Joana Bahia aber durchaus berechtigt. »Der Hexenschuss. Identität, Magie und Religion innerhalb der deut-schen Einwanderung« – so die Über-setzung des Titels – ist die ethnologi-sche Untersuchung einer Gruppe pom-merscher Einwanderer im brasiliani-schen Bundesstaat Espírito Santo, die alle einer der beiden lutherischen Kir-chen Brasiliens (IECLB und IELB) angehören. Die Autorin ist Professorin für Anthropologie an der Universidade do Estado do Rio de Janeiro (UERJ). Die Studie geht zurück auf ihre Disser-tation, die im Jahr 2000 am Postgradu-iertenprogramm für Sozialanthropolo-gie der Universidade Federal do Rio de Janeiro (PPGAS na UFRJ) angenom-men wurde. Das Institut ist einer der prominentesten Orte religionswissen-schaftlicher Forschung, die im univer-sitären Kontext Brasiliens nicht als ei-gene Disziplin etabliert ist.

Um es gleich vorwegzunehmen: Die Besonderheit und die Leistung der Ar-beit von Bahia bestehen in ihrer Frage-stellung und ihrem methodischen An-satz. Zwar liegen zahlreiche Arbeiten zum brasilianischen Luthertum – meist Dissertationen lutherischer Theologen – auch auf deutsch vor (vgl. zuletzt Marceli Fritz-Winkel: Zur Zukunft der Evangelischen Kirche Lutherischen Bekenntnisses in Brasilien. Aspekte ihrer Attraktivität im Vergleich mit der Umbanda und der neopentekostalen Igreja Universal do Reino de Deus. 2012, rezensiert in: ZMiss 4/2012, S. 500–502), jedoch ist ihnen allen eine binnenkirchliche Perspektive und meist eine konfessionalistische Aus-richtung gemeinsam. Bahia hingegen betrachtet die pommerschen Luthera-ner aus der Außenperspektive und deu-tet sie konsequent als eigene ethnische Gruppierung innerhalb der brasiliani-schen Gesellschaft.

Die Autorin führt den Nachweis, dass es unter den pommerschen Ein-wanderern, die zu Beginn des 19. Jh.s nach Brasilien gekommen waren, im neuen Kontext zu Prozessen einer Neukonstruktion ihrer Identität ge-kommen ist. Diese interpretiert sie konsequent im Kontext des bäuerli-chen Lebensstils, dem wiederum eine spezifische Religiosität zu eigen sei, in der magische Diskurse eine zentrale Rolle spielen.

Mit den magischen Praktiken wen-det sich die Ethnologin dem heiklen Feld des ›Aberglaubens‹ (»Ouwaglo-ba«) zu, der in der Außenkommunika-tion der pommerschen Bauern einen komplett tabuisierten Bereich darstellt (317), da er bis zum heutigen Tag Grund heftiger Anklagen durch die Pastoren gewesen ist. In mehreren lan-gen Aufenthalten in den Gemeinden konnte die Forscherin das Vertrauen der Lutheraner erlangen und durch teil-nehmende Beobachtung, Interviews und die Aufzeichnung von Sprichwör-tern und Sprüchen wertvolles Material sammeln. Ergebnis ist eine profunde, dichte Beschreibung der Lebenswelt der pommerschen Bauern.

Nach der Beschreibung des sozio-ökonomischen Alltags sowie der Familienstrukturen (Kapitel 1) analysiert Vf.in ausführlich den Zusammenhang von Sprache und Religion für die Konstruktion ethnischer und sozialer Identität (Kapitel 2). Für die Argumentation und die Entwicklung der These ist die Dreisprachigkeit der pommerschen Bauern zentral: Während das Hochdeutsche offizielle Sprache der Kirche und der Pastoren ist, findet das pommersche Platt im Alltag sowie als religiöse Sprache der (pommerschen) Gesundbeter und Heiler Verwendung. Das Portugiesische hingegen ist die Sprache der Kontakte mit der offiziellen brasilianischen Gesellschaft sowie des sozialen Aufstiegs. In dem Maße – so die These von Bahia –, in dem die Kenntnis des Hochdeutschen verloren ging, gewann es an symbolischer Bedeutung als sakraler (Geheim-)Sprache und Repräsentant ›magischen Wissens‹. Zugleich wurde die eigene lutherische Religiosität dahingehend neu interpretiert, dass sie nun einerseits eine ethnische Identität evozierte, die auf nationalem Gefühl und dem Bewusstsein der hohen Bedeutung der Schriftlichkeit basiert, und andererseits dem kulturellen Bedürfnis der bäuerlichen Gesellschaft nach magischen Praktiken entgegenkam (376).

Die ausführlichen Beschreibungen der Passageriten anlässlich von Geburt (Kapitel 3), Hochzeit (Kapitel 4) und Tod (Kapitel 5) dienen durchgehend dem Beweis der genannten These und liefern darüber hinaus einen einzigartigen Einblick in die besondere bäuerliche Kultur der Pommern in Brasilien.

Einen Höhepunkt stellen die Ausführungen über Hexerei sowie die daraus resultierenden Konflikte dar (Kapitel 6). Vf.in stellt zahlreiche Praktiken der Besprechung, des Gesundbetens und der Heilung dar und zeigt die magische Verwendung von alten, aus der Heimat mitgebrachten Gebetsbüchern sowie sog. Schutz- und Himmelsbriefen auf. Magische Praktiken kommen v.a. bei Krankheiten von Menschen und Tieren sowie bei persönlichem Unglück zur Anwendung, die als Folge von Hexerei gedeutet werden. Damit fügt sich der magische Diskurs der pommerschen Bauern ganz in die Logik des Hexenglaubens ein.

Mit »O tiro da bruxa« hat Joana Bahia eine innovative religionswissenschaftliche Untersuchung zum brasilianischen Luthertum vorgelegt, die weder von theologischen Motiven noch den Interessen der eigenen Identitätskonstruktion geleitet ist. Durch den Nachweis einer synkretistischen, magischen Religiosität unter deutschstämmigen lutherischen Einwanderern zeigt sie exemplarisch auf, dass das Konzept der Volksreligiosität, das in Lateinamerika bislang dem katholischen Milieu vorbehalten war, auch für Kirchen aus dem Spektrum des traditionellen Protestantismus fruchtbar gemacht werden kann. Mit ihrer Feststellung, dass »Pommern und Brasilianer dasselbe Kommunikationsfeld nutzen, ... obwohl sie unterschiedliche Herkunft und Geschichten haben« (346 [eigene Übersetzung]), belegt Bahia zugleich die These der Akkulturation. Demnach haben die ›lutherischen Pommern‹ in Brasilien zu völlig eigenen religiösen Formen gefunden, die sich nur innerhalb der brasilianischen religiösen Matrix sinnvoll deuten lassen und eine eigenständige ›Variante‹ innerhalb der weltweiten Christenheit darstellen.

**Roland Spliesgart**

Klaus Koschorke (Hrsg.), **The Dutch Reformed Church in Colonial Ceylon (18th century). Minutes of the Consistory of the Dutch Reformed Church in Colombo held at the Wolvendaal Church, Colombo (1735–1797)** (=Dokumente zur Außereuropäischen Christentumsgeschichte, Bd. 2), Wiesbaden: Harrassowitz Verlag, 2011, 749 S., EUR 98,00.

Mit dem vorliegenden voluminösen Band ist wieder einmal bewiesen, welche Sisyphusarbeit es bedeutet, historische Quellen für die Edition historischer Texte zusammenzutragen, zu bearbeiten und zu veröffentlichen. Dieser Herausforderung hat sich der in München lehrende Klaus Koschorke gestellt und eine Arbeit vorgelegt, die zusammen mit dem bereits erschienenen Band 1 der Reihe als beispielgebend für historische Quelleneditionen gelten kann.

Das vorliegende Buch enthält Schriftstücke der Dutch Reformed Church in Colombo aus der Zeit von 1735 bis 1797. Die Dokumente legen wichtige Zeugnisse ab über die Geschichte des außereuropäischen Christentums in Asien, in diesem Falle über die Verbreitung des Christentums im vormaligen Ceylon, dem heutigen Sri Lanka.

Der von Klaus Koschorke herausgegebene Band enthält bislang unveröffentlichte Protokolle des Kirchenrates der niederländisch-reformierten Kirche in Colombo. Sie werden so dem akademischen Publikum erstmals in englischer Übersetzung zugänglich gemacht. Diese Dokumente sind für die religiöse, soziale, politische und Alltagsgeschichte Sri Lankas im 18. Jahrhundert von äußerster Bedeutung, geben sie doch nicht nur Auskunft über die Methodik der Christianisierung, sondern auch über das Alltagsgeschehen der einheimischen Bevölkerung, deren bisherigen Glaubensvorstellungen, Formen der niederländisch geprägten kolonialen Herrschaft, über Erscheinungen der Festtagskultur und über regionalhistorisch bedeutsame Ereignisse.

Der Kirchenrat in Colombo war das höchste ausführende Komitee der kolonialen Kirche im niederländischen Ceylon. Er steuerte und koordinierte zahllose Kirchenbelange auf der Insel. Vielfältige Probleme wurden hier diskutiert, die zu jedem Zeitabschnitt einmalige Einblicke in das religiöse, kulturelle, politische und kirchliche Leben in einer niederländischen Kolonie des 18. Jahrhundert in Asien erlauben. Besondere Aufmerksamkeit widmete man damals der »gefährlichen Verbreitung des römischen Papsttums« und der scheinbar unaufhaltsamen Etablierung des katholischen Einflusses. Dieser vermehrte sich trotz aller Gegenmaßnahmen der niederländischen Autoritäten beständig und wurde zu einer religiösen Alternative zum vorherr-schenden Kolonialsystem.

Diese neuen Dokumente ermögli-chen auch Vergleichsstudien über die Beziehungen zwischen Kirche und Staat in anderen vormaligen übersee-ischen Gebieten der Niederlande. Da-mit eignet sich die Dokumentation nicht nur für die Kirchen- und Missi-onsgeschichte Ceylons, sondern auch für Studien zur Missions- und Chris-tentumsgeschichte anderer Regionen der überseeischen Welt.
**Ulrich van der Heyden**


Heinrich Bammann, **Die Bahurutshe. Historische Ereignisse, Kultur und Re-ligion und die Mission der ersten drei Hermannsburger Pioniere in Dinoka-na/Südafrika von 1857 bis 1940,** Her-mannsburg: Verlag Ludwig-Harms-Haus, 2012, 243 S., EUR 15,40.


Eine der bedeutendsten Sprachfamili-en im Süden Afrikas ist die der Tswa-na. Zu den Untergruppierungen der Tswana gehören die Huruse oder Ba-harutshe. In den historischen Darstel-lungen standen sie vielfach im Schat-ten der Pedi, Venda, Zulu, Swazi oder anderen ethnischen Einheiten im Sü-den Afrikas. Denn diese erwehrten sich in der zweiten Hälfte des 19. Jahr-hunderts gegen die burische bzw. eng-lische Expansion. Darüber ist vor al-lem nach der offiziellen Beseitigung der Apartheid in der heutigen Republik Südafrika relativ viel geforscht und ge-schrieben worden. In deren Schatten standen immer die ethnischen Ge-meinschaften der Tswana. Sicherlich hat es daran gelegen, dass die Tswana keinen bis nach Europa wahrgenom-menen militärischen Widerstand ge-gen die koloniale Expansion der buri-schen Siedler bzw. der britischen Kolo-nialmacht geleistet hatten. Dafür stan-den sie in den vergangenen drei oder vier Jahrzehnten eher im Mittelpunkt ethnologischer Untersuchungen. Be-kannt wurden sie vor allem durch die Studien von Jean and John Comaroff, deren Forschungsergebnisse allerdings durch ungerechtfertigte Verallgemei-nerungen durch andere Wissenschaft-ler in Bezug auf andere ethnische Ge-meinschaften des südlichen Afrikas, die ebenfalls recht frühzeitig Kontakt mit europäischen Missionaren hatten, verwässert wurden.

Unter den Tswana arbeiteten nicht nur die Missionare der Londoner Mis-sion, die bei den Comaroffs im Mittel-punkt ihrer Untersuchungen standen, sondern auch amerikanische, französi-sche und deutsche Missionsvertreter. Die deutschen Missionare kamen von der Hermannsburger Missionsgesell-schaft, die seit 1859 mit den Bahurut-she in Verbindung standen. Sie waren die ersten europäischen Missionare, die als Ergebnis ihrer Arbeit Taufen bei dieser in dem vorliegenden Buch durchgehend als »Stamm« bezeichne-ten Ethnie vornahmen.

Der Autor des Buches, promovierter ehemaliger Missionar der Hermanns-burger Missionsgesellschaft, widmet sich dem Prozess der christlichen Mis-sionierung der Bahurutshe und erzählt dabei zugleich deren ethnische Ge-schichte. Zu einzelnen Fragen, wie zu

Festtags- und Alltagskultur, Geburt, Initiation, Hochzeit, Tod und Begräbnis oder zur materiellen Kultur erhält seine Darstellung den Charakter einer ethnologischen Fallstudie, die aus Ergebnissen von eigenen Beobachtungen gespeist wird. Leider fallen Ungenauigkeiten in der Begrifflichkeit, Verzicht auf Stellungnahmen zu akademischen Debatten oder historische Ungenauigkeiten, wie etwa zur Entstehung des African National Congress oder der Entstehung der Apartheid (die erst 1948 und nicht 1913 begründet wurde) auf den Seiten 129 und 130 oder zur Sozialstruktur des ANC auf S. 65 (Anm. 113) auf.

Jedoch besteht der große Nutzen des Buches in seinem dokumentarischen Charakter. So sind die hier zu Papier gebrachten Beobachtungen und Erkenntnisse über die religiösen Vorstellungen und über den Verlauf der Christianisierung und des Kulturwandels nach der kolonialen Unterjochung durch die Transvaal-Buren von schier unschätzbarem Wert, sowohl für die politische als auch für die Missionsgeschichtsschreibung sowie die historische Anthropologie.

Die Richtschnur, an der sich Bammann in der Flut der historischen Quellen in Archiven in Deutschland, den USA und in Südafrika orientiert, ist die Skizzierung der Lebenswege der drei Hermannsburger Missionare, nämlich Alex F. F. Zimmermann sowie Thomas und Ferdinand Zimmermann, die als erste Missionare zu den Bahurutshe in die Siedlung Dinokana kamen. Aus ihrem Wirken werden die spezifischen Methoden der missionarischen Arbeit der Hermannsburger Mission verdeutlicht. Wert legt der Autor auf die Feststellung, dass die Missionare sich fast durchweg als Anwalt für die Rechte der Afrikaner verstanden.

Das vorliegende Buch ist wiederum ein Beleg dafür, dass die Auswertung der missionarischen Quellen unabdingbar für die Geschichtsschreibung Südafrikas ist. Denn die Missionare der Hermannsburger Mission waren die ersten Europäer, die unter und mit den Bahurutshe lebten. Sie konnten somit von »vorkolonialen Verhältnissen« und über die vielfältigen Formen des Kulturkontaktes berichten. Und deutsche Missionare schrieben bekanntlich viel.

Es ist Heinrich Bammann zu danken, dass er sich dieser verdienstvollen Aufgabe gewidmet hat und so ein Kapitel Missionsgeschichte aufgearbeitet hat, welches zugleich auch Bedeutung für die politische Geschichte Südafrikas besitzt.

**Ulrich van der Heyden**


Hans-Helmuth Schneider und Claudia Jahnel (Hg.), **Dein Reich komme in aller Welt. Interkulturelle Perspektiven auf das Reich Gottes. Your Kingdom come. Visions of the Kingdom of God,** Neuendettelsau: Erlanger Verlag für Mission und Ökumene, 2011, 318 S., EUR 24,00.


Die in diesem Band versammelten 16 Aufsätze waren Beiträge zu einem Symposium aus Anlass des hundertjährigen Jubiläums der so genannten Ersten Weltmissionskonferenz 1910 in

Edinburgh. Die 15 Autoren und eine Autorin stammen zur Hälfte aus Lateinamerika, Afrika, Asien und Ozeanien, die andere Hälfte sind Deutsche, die in anderen Ländern gearbeitet haben. Auf grundlegende sieben Beiträge (»Reich Gottes – exegetische, systematische und ökumenische Zugänge«) folgen drei zum Thema »Reich Gottes – Machtverhältnissen in Geschichte und Gegenwart«, und unter der Überschrift »Reich Gottes – Lokale und kulturelle Konkretionen« finden sich sechs Beiträge aus Papua, Ruanda, China, Südkorea und Japan.

Im deutschsprachigen Vorwort scheint das Motiv vom Reich Gottes als Korrektiv gegen eine globale strategische Perspektive gemeint zu sein, wie sie Edinburgh 1910 zugeschrieben wurde: statt der globale Ausbreitung des einen Christentums durch gemeinsame Missionsanstrengungen (1910) kontextuelle Auffassungen von Gottes Wirken und seinem Reich. Damals sei der Glaube, am Reich Gottes auf Erden mitzuarbeiten, relativ ungebrochen gewesen, heute herrsche weltweit ein eher düsteres Zukunftsszenario vor (9). Dagegen wird das Reich Gottes als »entgrenzendes, unabschließbares [Symbol] gegen die Übermacht an Hoffnungs- und Sinnlosigkeit« eingeführt. Nicht erläutert wird, warum die nähere Qualifizierung der Perspektiven im deutschen Untertitel als »interkulturell« im englischen Titel und Vorwort nicht aufgegriffen wird.

Es fehlt dem Band eine Einleitung, die den Fokus des Symposiums darlegt. Der Bezug auf Edinburgh 1910 ist jedenfalls in einigen Beiträgen kaum mehr als eine Verbeugung, wenige setzen sich damit auseinander, wofür Edinburgh 1910 stand oder wie sich ihr eigenes Thema darauf bezieht.

Das Motiv des Reiches Gottes wird ebenfalls unterschiedlich intensiv behandelt. Angesichts des weiten Spektrums an Ländern, Themen, Kontexten, Epochen und Herangehensweisen bietet der Band somit eine interessante, aber auch zufällig wirkende Auswahl. Exemplarisch herausgegriffen seien im Folgenden einige Beiträge, die der Frage nach dem Reich Gottes explizit in interkultureller Perspektive nachgehen.

Wolfgang Stegemann entscheidet sich nach einem Gang durch alttestamentliche und neutestamentliche Texte für die Übersetzung »Königsherrschaft Gottes« im Sinne einer gerechten und barmherzigen Herrschaft. Sie stellt einen heterotopen Raum (Foucault) dar, in dem ›Orte‹ der damaligen Kultur gleichzeitig repräsentiert, bestritten und gewendet sind (31).

Dieter Becker (35–54) reflektiert über die Rolle von Sprache und Kultur. Zustimmend wird Sanneh zitiert, dass der Übersetzungsprozess in viele Lokalsprachen die Einheimischen zu Subjekten der Glaubensverbreitung gemacht hat (50).

Moritz Fischer (55–81) greift die Verhandlungen von Commission IV in Edinburgh 1910 über das Verhältnis der christlichen Verkündigung zu anderen Religionen auf. Dabei greift er den Grundsatz der komparativen Theologie auf – am Eigenen festhalten *und* das Fremde anerkennen – und diskutiert ihn am Beispiel von »passing over and coming back«, das er im Gespräch mit Aguswati Hildebrandt Rambe (Indonesien) ausführt (59).

In ihrem eigenen Beitrag (185–196) sieht diese Autorin das Reich Gottes angesichts der Vielzahl der Religionen versinnbildlicht durch ein Gastmahl, zu dem Gott einlädt – und bei dem nicht eine, auch nicht die christliche Religion darüber entscheidet, wer zugelassen ist und wer nicht. Praktisches Beispiel ist für sie das Gastmahl des Fastenbrechens, zu dem Muslime Christen einladen – für sie zeichenhafte Verwirklichung des Reiches Gottes, ohne dass sie es klar sagt.

Andreas Nehring (83–116) greift von Edinburgh 1910 die Erfahrung und Suche nach Einheit auf. Dabei ist ihm die kohärenzstiftende Bedeutung von konkreten, in gemeinsamer Praxis situativ geteilten Handlungen wichtig (109). Ihn wundert daher, dass dem befreiungstheologischen Primat der Praxis im ökumenischen Miteinander weitgehend zugestimmt wird, doch Lehrgespräche nach wie vor im traditionellen Duktus kognitiver Argumentationsstränge stattfinden. (110)

Joao Carlo Schmidt (153–168) nimmt das Reich Gottes als ein zentrales Motiv in Edinburgh 1910 wie auch in der damals gerade aufbrechenden Pfingstbewegung (156) auf. Während in Edinburgh 1910 Missionare aus Mittel- und Oberschicht das Reich Gottes als Zivilisierung nach westlichem Modell planten, wollte die Pfingstbewegung vor der Wiederkunft Christi möglichst viele Seelen retten, worin sich zumindest anfänglich die Erfahrung der Machtlosigkeit der unteren Schichten ausgedrückt hatte (158). Neuere Aufnahmen befreiungstheologischer und gesellschaftskritischer Impulse sowie eine Öffnung zur Ökumene, wie sie durch die Präsenz von Pfingstlern bei der Jubiläumskonferenz in Edinburgh 2010 praktiziert wurde, sind Zeichen, dass es Annäherungen im Verständnis des Reiches gibt.

Maiyupe Pars Beitrag (217–232) ist deshalb so interessant, weil er Cargo-Kulte, die Suche nach der Fülle des Lebens, auch als eine Verarbeitung einer gescheiterten Reich-Gottes-Verkündigung versteht: Cargo-Kulte entstehen, weil die westlichen Christen ihren ›schwarzen‹ Geschwistern anscheinend das letzte Geheimnis vorenthalten haben, denn obwohl diese Christen wurden, blieben sie arm, während die ›weißen‹ Christen wohlhabend waren und sind.

Insgesamt liegt mit dieser Publikation ein anregender Band vor, den eine einordnende Einleitung und das interkulturelle Gespräch zwischen den Beitragenden allerdings substanziell bereichert hätten.

**Michael Biehl**

### Berufungen und Ehrungen

**Andar Parlindungan** (37) aus der Christlich-Protestantischen Toba-Batak-Kirche (HKBP) ist vom Rat der *Vereinten Evangelischen Mission* in Wuppertal während dessen Sitzung in Daressalam zum neuen Leiter der Abteilung Training und Empowerment der VEM bestimmt worden. Er tritt damit die Nachfolge von Dr. *Robinson Butarbutar* an, der im Sommer in seine Heimatkirche HKBP zurückkehrt. Andar Parlindungan absolviert seit 2008 als Stipendiat der Missionsakademie ein Promotionsstudium in Hamburg. Die neue Stelle im Vorstand der VEM tritt er voraussichtlich Ende 2013 an.

Dr. **Detlef Görrig** (48), bisher Beauftragter für den christlich-islamischen Dialog der Nordkirche, hat im März 2013 das Referat für interreligiösen Dialog im Kirchenamt der Evangelischen Kirche in Deutschland (EKD) übernommen. Görrig war Ansprechpartner für Vertreter von Politik und Gesellschaft sowie Mitglied in diversen interreligiösen Gremien, darunter dem Interreligiösen Forum Hamburg und dem Gesprächskreis für Interreligiösen Religionsunterricht. Zugleich bildete er kirchliche Mitarbeiter aus und förderte Dialogprojekte.

Das Pfarrerehepaar Dr. **Aguswati** (45) und **Markus Hildebrandt Rambe** (48) hat zum 1. April die neu geschaffene und zunächst auf drei Jahre befristete Projektstelle »Evangelische Gemeinden anderer Sprache und Herkunft« in der Evangelisch-Lutherischen Kirche in Bayern (ELKiB) angetreten. Die Stelle ist unter dem Dach von Mission EineWelt (Neuendettelsau) angesiedelt, der Dienstsitz ist München. Die indonesische Theologin und der bayerische Pfarrer waren gemeinsam von 1999 bis 2005 in der theologischen Ausbildung in Indonesien tätig und sind dann nach Bayern gekommen. Markus Hildebrandt Rambe war seitdem als Landespfarrer für Kindergottesdienst im Amt für Gemeindedienst in Nürnberg tätig, seine Frau hat an der Augustana-Hochschule in Neuendettelsau promoviert und als Klinikseelsorgerin in Nürnberg gearbeitet.

Neue Auslandsbischöfin der EKD wird ab 1. Januar 2014 die Vizepräses der Rheinischen Kirche **Petra Bosse-Huber** (53). Sie übernimmt damit als erste Frau in dem Amt die Leitung der Hauptabteilung »Ökumene und Auslandsarbeit«. Wie bereits ihr Vorgänger, *Martin Schindehütte*, der Ende 2013 in den Ruhestand tritt, übernimmt Bosse-Huber gleichzeitig mit ihrer Aufgabe bei der EKD die Leitung des Amtes der Union Evangelischer Kirchen in der EKD (UEK). Seit 2003 gehört Petra Bosse-Huber der Kammer für Theologie der EKD an. Sie ist seit 2004 in der Kommission für den Dialog mit der Russisch-Orthodoxen Kirche und seit 2007 im Gemeinsamen Ausschuss »Kirche und Judentum«

von EKD, VELKD und UEK. Seit 2011 ist sie Mitglied im Präsidium des Deutschen Evangelischen Kirchentages und seit 2012 Mitglied der Konferenz Diakonie und Entwicklung. Petra Bosse-Huber ist verheiratet und hat drei erwachsene Töchter.

SPD-Kanzlerkandidat Peer Steinbrück hat die Präsidentin des evangelischen Hilfswerks *Brot für die Welt,* **Cornelia Füllkrug-Weitzel** (58) in sein Kompetenzteam berufen. Neben der Armutsbekämpfung will sich Füllkrug-Weitzel für ein Verbot von Killer-Drohnen, für eine Beschränkung von Waffenlieferungen vor allem in Krisengebiete und für den Schutz der natürlichen Ressourcen einsetzen. Ob und wie sie in den kommenden Wochen ihre Aufgaben als Präsidentin von »Brot für die Welt« wahrnehmen werde, sei zurzeit noch nicht bekannt, heißt es aus dem evangelischen Hilfswerk.

Bischof em. Prof. Dr. **Wolfgang Huber** (71), Sozialethiker und ehemaliger Ratsvorsitzender der Evangelischen Kirche in Deutschland, wird Honorarprofessor der südafrikanischen Universität Stellenbosch. Die Hochschule wird ihn zum 1. Juli zum Honorarprofessor für Systematische Theologie ernennen. Huber hat nach seinem Abschied von den kirchlichen Leitungsämtern mehrfach Studienaufenthalte in Südafrika durchgeführt und ist seit 2010 Fellow des *Stellenbosch Institute for Advanced Studies.*

**Desmond Tutu** (82), südafrikanischer Altbischof der anglikanischen Kirche, erhält in diesem Jahr den Templeton-Preis, die weltweit angesehenste Auszeichnung auf dem Gebiet der Religion. Der mit umgerechnet 1,3 Millionen Euro dotierte Preis wurde am 21. Mai in London überreicht. Damit wurde sein lebenslanger Einsatz für spirituelle Werte wie Liebe und Vergebung gewürdigt. Nach seinem Eintritt in den Ruhestand 1996 übernahm Tutu den Vorsitz der Wahrheits- und Versöhnungskommission, die Verbrechen der Apartheid aufarbeitete.

**Aminatou Haidar** (46), marokkanische Menschenrechtsaktivistin und Präsidentin der Menschenrechtsorganisation CODESA (Convention for a Democratic South Africa), erhält den *13. Bremer Solidaritätspreis,* der seit 1988 alle zwei Jahre vom Senat verliehen wird. Damit wird sie für ihr Engagement zur gewaltlosen Lösung des Westsahara-Konfliktes geehrt. Der Konflikt schwelt zwischen Marokko, das nach dem Abzug der spanischen Truppen 1975 die Westsahara wegen reicher Phosphatvorkommen besetzte, und der Unabhängigkeitsbewegung Polisario. Haidar setzt sich für die Rechte der Sahauris ein. Die Bürgerrechtlerin wird wegen ihres friedlichen Kampfes für die Selbstbestimmung des Wüstengebiets auch als »Gandhi der Westsahara« bezeichnet.

Das Projekt »**Crossroads**« des Evangelischen Kirchenkreises Berlin Stadtmitte, in dem Jugendliche und junge Erwachsene zu interreligiösen Stadtführern ausgebildet werden, erhält den diesjährigen Missionspreis des ökumenischen Vereins *Andere Zeiten*. Der Preis ist mit 15.000 Euro dotiert und wird jährlich an außergewöhnliche Initiativen moderner Glaubensvermittlung verliehen.

**Dirk Früchtemeyer**, Student der evangelischen Theologie an der Universität Osnabrück, hat im Akademischen Jahr 2012/13 für seine Masterarbeit (betreut v. Prof. Dr. Martin Jung) »Melanchthons Sicht der Türken und des Islam« den Förderpreis für Evangelische Theologie des Kirchenkreises Osnabrück der Evangelischen Landeskirche Hannovers erhalten.

## Neue Promotionen und Habilitationen

*Frank, Martin (Augustana-Hochschule Neuendettelsau, 2011):* »Industrie- und Sozialarbeit im ökumenischen Kontext. Der Aufbau der Industrie- und Sozialarbeit im ÖRK mit besonderer Berücksichtigung des afrikanischen Beitrages in der *Industrial Mission* in Ghana.«

*Sinn, Simone (Westfälische Wilhelms-Universität Münster, 2013):* » Religiöser Pluralismus im Werden. Religionspolitische Kontroversen und theologische . Perspektiven von Christen und Muslimen in Indonesien.«

*Sinaga, Hulman (Westfälische Wilhelms-Universität Münster, 2013):* »Eigentumsrecht nach den Regelungen der altisraelitischen Rechtssatzsammlungen des Pentateuch und nach der Adat der Toba-Batak Indonesiens.«

*Puig, David (Universität Hamburg, 2013):* »*Memoria subversiva:* Untersuchungen zu der politischen Theologie auf Kuba im Dialog mit Johann Baptist Metz' Theologie nach Auschwitz.«

*Park, Jae-Hyung (Ludwig-Maximilians-Universität München, 2013):* »»Minjung und Gottebenbildlichkeit«. Versuch einer theologisch-anthropologischen Interpretation des Begriffes ›Minjung‹ in der Theologie Byung-Mu Ahns (1922–1996) unter Bezug auf das imago-Dei-Verständnis Wolfhart Pannenbergs.«

*Dong Ho Lee (Ruhr-Universität Bochum, 2013):* »Theologisch-Sozialethische Begründungen und exemplarische Handlungsfelder sozialer Arbeit – Deutschland und Korea im Vergleich«.

## Geburtstage

90 Jahre: am 27.8.2013 **Lindolfo Weingärtner**, Dichterpfarrer und früherer Dozent für Praktische Theologie an der Escola Superior de Teología in São Leopoldo/Brasilien.

85 Jahre: am 5.8.2013 Prof. em. Dr. **Johann Baptist Metz**, katholischer Theologie und Religionsphilosoph.

75 Jahre: am 11.9.2013 Prof. em. Dr. Dr. **Heinrich Balz**, Lehrstuhl für Missionswissenschaft und Ökumene an der Humboldt-Universität zu Berlin.

65 Jahre: am 18.10.2013 Dr. **Detlef Kapteina**, langjähriger Missionar und

Afrika-Referent der Europäischen Baptisten Mission (EBM).

60 Jahre: am 21.6.2013 Dr. **Traugott Farnbacher**, Leiter des Referats Papua-Neuguinea / Pazifik / Ostasien im Centrum Mission EineWelt.

60 Jahre: am 19.7.2013 Dr. habil. **Klaus Schäfer**, Direktor von Nordkirche weltweit. Zentrum für Mission und Ökumene.

### Todesnachrichten

Der evangelisch-methodistische Pfarrer, Befreiungstheologe und frühere Generalsekretär des Ökumenischen Rates der Kirchen (ÖRK), **Emilio Castro**, ist am 6. April in Montevideo (Uruguay) verstorben. Castro, 1927 in Uruguay geboren und katholisch getauft, studierte Evangelische Theologie an der Universität Basel, wo er von den theologischen Erkenntnissen Karl Barths beeinflusst wurde. An der Universität Lausanne legte er seine Dissertation vor und promovierte zum Doktor der Theologie. 1973 wurde er zum Direktor der Kommission für Weltevangelisation und Mission beim Ökumenischen Rat der Kirchen (ÖRK) in Genf berufen. Von 1985 bis 1992 war er Generalsekretär des Ökumenischen Rates der Kirchen (ÖRK). Seine Amtsführung war geprägt von prononcierten sozialethischen Forderungen nach Erneuerung der internationalen Ökonomie und Politik sowie von dem Versuch, die südamerikanischen Pfingstkirchen in den Weltkirchenrat hineinzubringen.

Dr. **Friedrich Dierks**, ehemaliger Missionar der Lutherischen Kirchenmission, ist am 29. April 2013 im Alter von 84 Jahren verstorben. Dierks war zunächst als Missionar in Bothshabelo und Johannesburg tätig und wechselte dann an das Seminar der Freien Evangelisch-Lutherischen Synode in Johannesburg, wo er bis zu seiner Emeritierung im Jahr 1994 arbeitete.

### Sonstiges

*Der Ökumenische Rat der Kirchen (ÖRK)* hat die *Evangelisch-Lutherische Kirche in Jordanien und dem Heiligen Land* als neues Mitglied aufgenommen. Die Evangelisch-Lutherische Kirche in Jordanien und dem Heiligen Land hat ihren Ursprung in der deutschen und britischen Missionarstätigkeit im Heiligen Land im 19. Jahrhundert. Sie ist in Amman, Jerusalem, Ramallah und dem Gebiet um Bethlehem vertreten. Der Bischof der Evangelisch-Lutherischen Kirche in Jordanien und dem Heiligen Land, Munib Younan, dankte dem ÖRK und unterstrich, dass seine Kirche gemeinsam mit den anderen Mitgliedskirchen des ÖRK » Instrumente des Friedens, Botschafter der Gerechtigkeit und Initiatoren des Dialogs« sein sollten.

Die *Evangelisch-Lutherische Kirche Tansanias (ELCT)* feierte am 23. Juni mit Kirchenvertretern aus aller Welt ihr 50jähriges Bestehen. Begonnen von der Leipziger Mission, der Berliner Mission und der Breklumer Mission führten nach den beiden Weltkriegen

Lutheraner aus den USA und Skandinavien diese Arbeit fort. Die daraus entstandenen Einzelsynoden schlossen sich 1963 zur ELCT zusammen Heute ist diese Kirche mit 5,6 Millionen Mitgliedern die zweitgrößte Lutherische Kirche der Welt.

In der *Toba-Batak-Kirche (HKBP)* ist am 21. März auf staatliche Anordnung hin eine Kirche zerstört worden. In der Stadt Bekasi auf Java hatten Muslime gegen die angeblich ohne staatliche Genehmigung errichtete Kirche protestiert. Die Gemeinde selbst weist den Vorwurf zurück. Die Präses der westfälischen Kirche, Annette Kurschus (Bielefeld), hat der Toba-Batak-Kirche ihre Anteilnahme ausgesprochen.

Den *israelischen Gesangswettbewerb »The Voice of Israel«* gewann in diesem Jahr die neunzehnjährige arabische Christin Lina Machoul aus Akko mit dem Lied »Hallelujah« des kanadischen jüdischen Liedermachers Leonhard Cohen. Sie setzte sich damit gegen die siebzehnjährige orthodoxe Jüdin Ofir Ben Schitrit durch. Deren Freude über ihren zweiten Platz wurde überschattet von der Entscheidung ihres Gymnasiums, sie von der Schule auszuschließen, weil nach orthodoxem Verständnis Frauen nicht in der Öffentlichkeit singen dürfen. Der Preis für Lina Machoul besteht aus einem Schallplattenvertrag und einem Stipendium für ein Musikstudium.

Der Missionsrat der *Evangelischen Mission in Solidarität (EMS)* hat bei seiner ersten regulären Sitzung den Kurs der Internationalisierung konsequent fortgesetzt. Mit der Neukonstituierung der EMS 2012 wurde die bisherige Trennung zwischen deutschen Mitgliedern und ausländischen Partnern aufgehoben. Damit soll die traditionelle Vormachtstellung des europäischen und US-amerikanischen Westens überwunden und der Weg in eine zeitgemäße Struktur fortgesetzt werden, in der VertreterInnen des globalen Südens gleichberechtigt sind. Außerdem stockt der Missionsrat mit einem wegweisenden Beschluss ab sofort die Plätze für Jugendliche auf, die mit der EMS einen Freiwilligendienst in einem anderen Land leisten wollen. Damit können Freiwillige zwischen den Mitgliedskirchen der EMS vermittelt werden.

Der *Gemeindedienst für Mission und Ökumene der Evangelischen Kirche im Rheinland (GMÖ)* und die *Vereinte Evangelische Mission (VEM)* haben gemeinsam den »oipod – Ökumenepodcast« ins Leben gerufen. Anliegen ist, den Einsatz von Menschen in den Kirchen weltweit durch Radiosendungen zum Herunterladen zu Gehör zu bringen. Die Beiträge zum Direkthören oder als Abo und mehr Informationen gibt es unter www.oipod.de Die Podcasts sind auch über iTunes abrufbar.

Die *Brüder-Unität* feierte am 15. Juni mit einem Festakt in Albaniens Hauptstadt Tirana zwanzig Jahre Missionsarbeit in diesem Land. In dem ehemals kommunistischen Land konnten Kirchen erst nach dem politischen Umbruch 1990/91 wieder arbeiten. Über ein Hilfsprogramm der Europäischen Union bekamen junge Albaner 1992 Kontakt zur Brüdergemeine in Dänemark und ihrer Missionsorganisation (Brødremenighedens Danske Missions, BDM). Heute ist die »Kisha Luterane Moraviane Shqipëri« (Lutherisch-Brüderische Kirche Albaniens) eine ökumenisch orientierte Kirche und Mitglied im Dachverband der evangelischen Kirchen in Albanien.

Die Präsidentin der *Deutschen Seemannsmission*, Margit Wetzel, ist mit sofortiger Wirkung von ihrem Amt zurückgetreten. Als Grund dafür gab sie eine »Störung der Kommunikation« mit der EKD an. Sie habe darauf hingewiesen, dass insbesondere die Mitarbeiter in den Stationen im europäischen Ausland und in Übersee dringend unmissverständliche Signale bräuchten, dass sie aus Deutschland breit unterstützt würden, hieß es in der Mitteilung der Seemannsmission. Zum Teil herrschten dort schlechte Arbeitsbedingungen. Auslandsbischof Martin Schindehütte bedauerte den Rücktritt der Präsidentin. Bis zur Wahl eines Nachfolgers führt der ehemalige Hamburger Propst und Vizepräsident der Seemannsmission, Jürgen Bollmann, die Geschäfte.

Der neue Präses der Evangelischen Kirche im Rheinland (EKiR), *Manfred Rekowski,* hat Mission als Kernaufgabe der Kirche bezeichnet. In einem Interview mit dem Bonner Generalanzeiger im März des Jahres bezeichnete Rekowski die Verkündigung von Gottes Liebe und Treue und die Einladung zum Glauben als Schwerpunkt seiner beginnenden Amtszeit. Der Judenmission erteilte er eine eindeutige Absage. Zugleich will er sich für den Dialog mit Muslimen einsetzen, der auch die Gottesbilder und das Verständnis vom Wort Gottes einbeziehen soll.

Zum kommenden Wintersemester wird an der *Universität Potsdam* die *Jewish School of Theology* ihren Lehrbetrieb aufnehmen. Sie ist die erste jüdisch-theologische Einrichtung einer staatlichen Universität in Deutschland. Eine vom brandenburgischen Landtag beschlossene Änderung des Hochschulgesetzes, nach dem bis jetzt theologische Studiengänge an staatlichen Hochschulen ausgeschlossen waren, macht nun den Weg frei. Bereits seit 2001 bildet das jüdische Abraham-Geiger-Kolleg als An-Institut in Zusammenarbeit mit der Universität Potsdam Rabbiner aus. Es wird in den neuen Studiengang einbezogen. Der Wissenschaftsrat von Bund und Ländern hatte bereits 2010 die Gleichstellung der jüdischen mit den christlichen Theologien empfohlen.

Als erstes Bundesland richtet Berlin eine *Junge Islam Konferenz* aus. Sie soll zunächst in diesem sowie in den kommenden drei Jahren stattfinden, teilten die Essener Stiftung Mercator und Berlins Integrationsbeauftragte Monika Lüke mit. Die erste Konferenz ist diesen Herbst geplant. Diese Denkfabrik soll als Plattform für den Austausch junger Menschen zwischen siebzehn und fünfundzwanzig Jahren dienen. Das Projekt der Mercator-Stiftung und der Berliner Humboldt-Universität soll in den kommenden Jahren auch auf Länderebene ausgeweitet werden.

*Papst Franziskus* ermutigt die Weltreligionen zum gemeinsamen Einsatz für Gerechtigkeit. Auch für eine verstärkte Zusammenarbeit mit Menschen, die keiner Religion angehören, aber nach Wahrheit, Güte und Schönheit streben, sprach sich das neue Kirchenoberhaupt in einer Audienz für Vertreter anderer Kirchen und Religionen aus. Zugleich bestätigte Papst Franziskus, den Weg der Ökumene fortsetzen zu wollen. Auch die Fortsetzung des »brüderlichen Dialogs mit den Juden«, wie er mit dem Zweiten Vatikanum begonnen worden ist, kündigte Papst Franziskus an. Die Anwesenheit von Muslimen beim Empfang würdigte er als sichtbares Zeichen des Wunsches nach wachsender gegenseitiger Achtung und Zusammenarbeit für das Wohl der Menschheit.

## Termine

Vom **12.8. bis 30.8.2013** führt das Ökumenische Institut Bossey des Ökumenischen Rates der Kirchen ein *Sommerseminar* durch unter dem Thema *»Aufbau interreligiöser Gemeinschaft«*. Zur Teilnahme sind bis zu dreißig junge Erwachsene aus der ganzen Welt eingeladen. Auf dem Programm stehen Begegnung mit der Spiritualität der Anderen, gemeinsames Nachdenken über heilige Schriften sowie thematische Vorlesungen und Workshops. Die Teilnehmenden sollten 18 bis 35 Jahre alt, im eigenen Glauben gefestigt und in der Lage sein, nach Abschluss des Seminars auf die Vorstellungen der Mitglieder ihrer Glaubensgemeinschaften in ihrem weiteren Umfeld einzuwirken.

ÖRK-Mitgliedskirchen sind eingeladen, im Rahmen einer weltweiten *Aktionswoche für einen gerechten Frieden in Israel und Pal*ästina vom **22. bis 28.9.2013** zu einem gemeinsamen internationalen Zeugnis für den Frieden beizutragen. Kirchen aus verschiedenen Ländern werden ein eindeutiges Signal an die politischen Entscheidungsträger, die Öffentlichkeit und die eigenen Gemeinden senden, dass ein Friedensabkommen, das die Rechte und die Zukunft beider Völker sichert, dringend notwendig ist. Weitere Informationen unter: http://archived.oikoumene.org/en/programmes/public-witness-addressing-power-affirming-peace/churches-in-the-middle-east/pief/world-week.html

Vom **24. bis 26.9.2013** findet die diesjährige *Tagung des Instituts für Weltkirche und Mission* in der Philosophisch-Theologischen Hochschule Sankt Georgen in Frankfurt am Main statt. Das Thema lautet »Christus und die Religionen. Religionstheologische Standortbestimmung der Missionstheologie«. Die Tagung setzt im Anschluss an die Standortbestimmungen des Zweiten Vatikanum und die dadurch ausgelösten Reflexionsprozesse zur Theologie der Religionen den Schwerpunkt auf Komparative Theologie und Israeltheologie. Im Verlauf der Tagung sollen beide Entwürfe in christologischer Perspektive und mit Blick auf weltkirchliche Konsequenzen diskutiert werden.

Die *10. Vollversammlung des Ökumenischen Rates der Kirchen* findet vom **30. 10. bis 8. 11. 2013** in Busan (Republik Korea) statt. Sie steht unter dem Motto »Gott des Lebens, weise uns den Weg zu Gerechtigkeit und Frieden«. Aufgabe der Vollversammlung ist es, die zukünftigen Arbeitsschwerpunkte des ÖRK zu bestimmen, Führungspersonen zu wählen und im Namen der Kirchen öffentlich Stellung zu beziehen. Eine Vollversammlung ist eine einzigartige Möglichkeit für die gesamte Gemeinschaft der Mitgliedskirchen, gemeinsam zu beten und zu feiern. Unter dem Titel »Pilgerreise nach Busan: Eine ökumenische Reise durch das Christentum weltweit« wurde eine sechsteilige Arbeitshilfe für Gemeinden erarbeitet, damit diese sich in Gesprächsgruppen, Arbeitskreisen oder während einer eintägigen Kirchenfreizeit mit dem Thema der nächsten Vollversammlung, »Gott des Lebens, weise uns den Weg zu Gerechtigkeit und Frieden«, befassen können. Mehr Informationen dazu unter http://www.oikoumene.org/de/press-centre/news/new-congregational-resource-invites-pilgrimage-to-busan .

*(Zusammengestellt am Lehrstuhl für Missionstheologie und Religionswissenschaft der Augustana-Hochschule von Dr. Verena Grüter, Waldstraße 11, D-91564 Neuendettelsau. Bitte senden Sie Informationen und Hinweise an petra-anna-goetz@augustana.de bzw. Fax: 09874/509-555.)*